2021—2023年四川省高等教育人才培养质量和教学改革项目"以政产学教育共同体为载体的地方应用型高校双循环实践教学体系研究"（重点项目编号：G2021－1285 ）。

九州文库

双循环实践教学体系构建

应用型高校政产学协同育人实践报告

朱文优　张国平　编

九州出版社

JIUZHOUPRESS

图书在版编目（CIP）数据

双循环实践教学体系构建：应用型高校政产学协同
育人实践报告 / 朱文优，张国平编 . -- 北京：九州出
版社，2024.7. -- ISBN 978-7-5225-3253-0

Ⅰ．G640

中国国家版本馆 CIP 数据核字第 2024K1V803 号

双循环实践教学体系构建：应用型高校政产学协同育人实践报告

作　　者　朱文优　张国平　编
责任编辑　蒋运华
出版发行　九州出版社
地　　址　北京市西城区阜外大街甲 35 号（100037）
发行电话　（010）68992190/3/5/6
网　　址　www.jiuzhoupress.com
印　　刷　唐山才智印刷有限公司
开　　本　710 毫米×1000 毫米　16 开
印　　张　12
字　　数　114 千字
版　　次　2024 年 7 月第 1 版
印　　次　2024 年 7 月第 1 次印刷
书　　号　ISBN 978-7-5225-3253-0
定　　价　85.00 元

前　言

在快速变化和激烈竞争的现代社会，高等教育的目标已不再只是传授理论知识，更着重于培养学生的实践和问题解决能力。实践教学有助于学生将理论知识应用到实际工作中，培养他们的实践和思维能力。然而，目前实践教学体系存在一些问题：一是过于注重理论教学，忽视实践环节，导致学生缺乏实际操作和应用能力；二是实践教学与实际职业环境联系不紧密，使学生无法真正了解实际工作的挑战和需求；三是在实践教学中缺乏完善的评价体系，无法准确评价学生在实践中的综合能力和技能水平。

为此，各大高校都在努力优化实践教学体系，特别是地方应用型高校坚持以学生发展为中心，以学生的成果产出为导向，提升高素质应用人才培养质量，增强学生的就业竞争力，不断探索更具适应性的、本土化的实践教学体系。

近年来，宜宾学院以党建引领应用型整体转型发展，紧紧围绕培养应用型人才和"建设特色鲜明的应用型综合大学"两大目标，将实践教学体系构建与优化作为教育教学改革的重要切入点，立项了省级重点教改项目，举办了专题研讨会进行深入研究和探讨。提出了"校内校外双循环"实践教学体系的三个层次和四个原则，即学校、二级学院（部）、专业三个层次，目标性、科学性、系统性、特色性四个原则。目标性原则是指，以高素质应用人才为目标，坚持以产出为导向，构建"校内校外双循环"实践教学体系；科学性原则是指，理清实践教学体系和实验教学体系的差别，实践教学体系包括课程实验、实习、实训、见习、毕业论文、技能竞赛、科技创新、社会实践全过程，思考如何在环节上体现科学性；系统性原则是指，通过校内、校外协同，贯通校内实验、第二课堂、校外实习、见习、研习所有实践教学环节；特色性原则是指，打造每个学院（部）或专业的鲜明脸谱。

宜宾学院从多方面构建实践教学体系。首先，开展2023版人才培养方案修订工作，提高了实践环节的学分与课时比例，将实践教学作为课程的重要部分，注重培养学生的实际动手能力。通过实践项目、实习、实训、学科竞赛等形式，学生能将所学理论知识应用到实际工作中，并具备实际操作和解决问题的能力。其次，与实际职业环境保持密切联系，了解行业需求和发展动态，主动对接四川省"六大优势产业""10+3"现代农业、"4+6"现代服务业和宜宾市"现代"产业，确定了"核心+"的专业集群建设思路，积极推动产学研深度融合。此外，学校研发了二级学院（部）实践教学体系建设评价指标，从教学目标与实践结合度、实践教学课程设置与实际需求匹配度、实践教学方法与手段的科学性、实践教学的产学研

结合程度、实践教学教师指导、实践教学资源的充足度、实践
教学评估与反馈机制、学生的学习效果、实践教学成果的推广
与应用等9个维度，对学院（部）提出了明确要求。

宜宾学院开展的"以政产学教育共同体为载体的地方应用
型高校双循环实践教学体系研究"，是对高等教育改革与高质
量发展的积极响应。通过专题研讨交流和评价指标研发，为教
学部门实践教学体系构建提供了有益思路和改进方向。在学校
层面的积极引导与组织下，15个学院（部）撰写了实践教学
体系构建报告，为应用型高校深化实践教学体系改革提供了有
益参考。

目　录
CONTENTS

服务人工智能与数字经济产业的
工程实践教学体系建设报告

曾安平　　王星捷　　朱利红　　王运欢

摘　要： 实践教学体系建设是一个综合性的过程，包括人才培养方案、实践教学方法、教师指导能力、教学资源等多方面。通过科创赛教四融合、校政企六共同等举措，充实实践教学资源，提高产学研结合程度。学院围绕实践教学体系，建立持续改进的机制，取得阶段性成绩。

关键词： 人工智能；数字经济；校企融合；校内校外双循环；实践教学体系

为贯彻落实习近平总书记来川来宜来校视察重要指示精神，推动学校实践教学体系建设，提升高素质应用人才培养质量，学院从 2022 年 7 月起开始构建"校内校外双循环"实践教学体系，经过两年的交流、探索、实践，围绕着人才培养的内涵和外延，有效推进了实践教学体系的建设。

本文从目标、理念、框架、内容、举措、成效几方面对我院"校内校外双循环"实践教学体系建设情况进行报告。

一、实践教学体系建设目标与理念

计算机科学与技术学院（人工智能学院）"校内校外双循环"实践教学体系以构建适应成渝双城经济圈 IT 行业领域发展需求的实践教学体系为目标，以培养具有创新特质的 IT 类应用人才为导向，夯实并提升学生实践能力、创新思维能力和职业素养，培养学生将理论知识应用于实际问题解决的能力。

二、实践教学体系建设框架

通过这几年的建设，计算机科学与技术学院（人工智能学院）对校内校外双循环的实践教学进行摸索与梳理，形成了为人工智能与数字经济产业发展服务的，具有鲜明专业特色的校内校外双循环工程实践教学体系（如图 1 所示）。

该体系根据学校定位和行业需求，确定各具特色的专业人才培养目标（如图 2 所示）；制定达到工程教育认证标准的毕业要求，以"反向设计、正向实施"的策略，设计课程体系（如表 1 所示）；以学生为中心，以培养目标为成果导向，以思政引领、多元融合的工程实践教学模式开展教育教学，建立就业—招生—培养联动机制，帮助学生取得学习成果，通过校内校外综合检验检测学生的学习成果，并根据检验中遇到的问题进行调整，形成闭合的双循环，以保证持续改进。

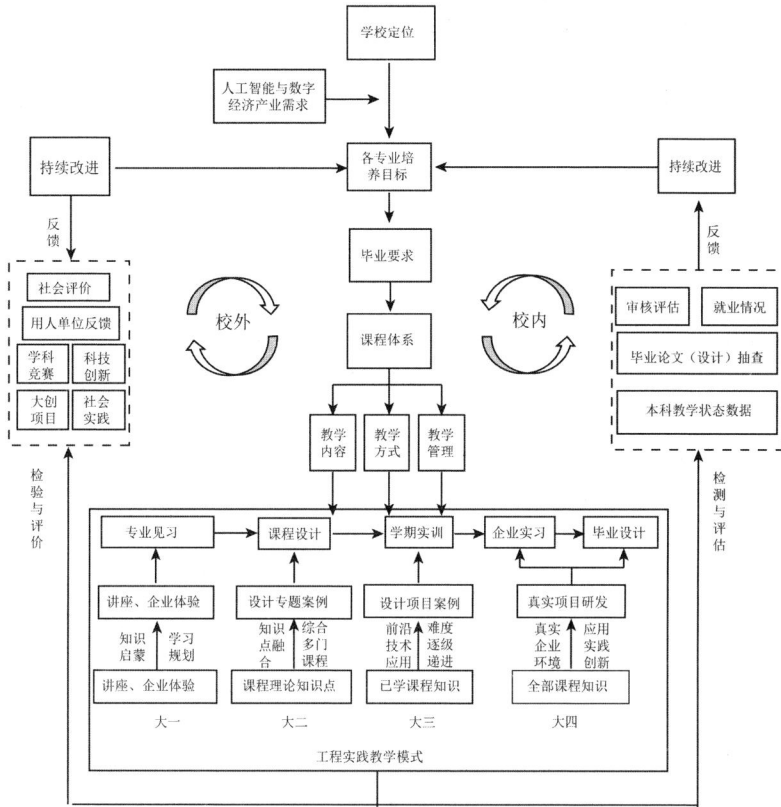

图 1 计算机科学与技术学院（人工智能学院）工程校内校外双循环实践教学体系

表 1 计算机科学与技术学院（人工智能学院）专业培养目标下的课程体系

工程实践类应用创新方向课第二课堂（学科竞赛、大创项目等，企业为主，学校为辅）
应用创新方向课（学校为主，企业为辅）
专业课程（校内）
创新创业课程、通识课程（校内）

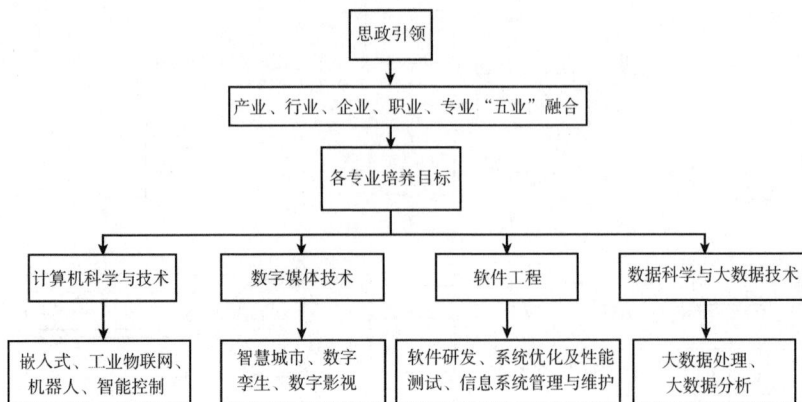

图2　计算机科学与技术学院（人工智能学院）各专业培养目标

三、实践教学体系建设内容

（一）研制培养方案，推进学科建设，落实实践教学课程目标

学院教学副院长带队，和各专业负责人一起，访企拓岗，调研行业企业及用人单位对对应专业学生的能力需求，结合专业培养方向，将能力需求融入人才培养方案中。

（二）加强实践教学方法与手段的科学性

以往的实践教学，除了毕业实习，其他多是课堂教学，形式较为单一，不能满足学生实践能力的锻炼与需求提升，无法体现科学性。学院逐步开展校企共建课程建设，部分课程引进虚拟实验平台，带领学生进入企业，进行专业见习和课程见习，加强人工智能与大数据核心课程实验环节，提供实践操作平台和真实数据集，让学生学以致用，锻炼数据分析和算法实

4

现能力，探索更有效地提升学生实践能力的方式。

（三）提升实践教学教师的指导能力，打造指导团队

目前，学院通过外派教师挂职锻炼，外出学习，参研纵向、横向项目，参加企业讲师上课的班级教学，参加工程技术中心研发业务等方式提升实践教学教师的实践指导能力，同时体现科创赛教融合。

（四）强化实践教学资源建设

随着学生数量的增多，增加了专业实验室设备数和公共实验室设备数，加强了课程资源建设，尤其是一流课程的建设，随着专业转型的发展，不断补充实践操作平台和真实数据集。

（五）对照人才培养目标，提高实践教学的产学研结合程度

学院根据应用转型目标，校企联合建立了1个省级现代专业学院、1个省级教学示范中心、2个市级工程技术中心、1个市级众创空间，为进一步提升教师指导能力、学生实践能力，奠定了良好的基础。

（六）加强校外实践教学的反馈机制建设

学院根据本科审核评估、工程教育认证要求，通过实习检查和访企拓岗与实习单位对接，鼓励学生、班主任、实习指导教师积极参与等方式采集实践教学反馈信息，必要时，及时调整实践教学内容、教学形式和组织方式。

（七）联动第二次课堂，校企共建创新实践教学体系

学院目前已联动第二课堂，校企联合建立创新创业团队，

通过企业培训、赞助学科竞赛、大创项目等，进一步提高学生创新实践能力。

四、实践教学体系建设举措

依托教育部"AI+智慧学习"人工智能学院和四川省实验示范中心等平台建设以及人工智能与数字经济产业学院申报和建设，建立工程实践教学体系，保障建设质量，推进学科建设、专业建设，联合政校企促进产教研融合发展，我院采取了科创赛教"四融合"（如图3所示）和校政企"六共同"体系的建设举措（如图4所示）。

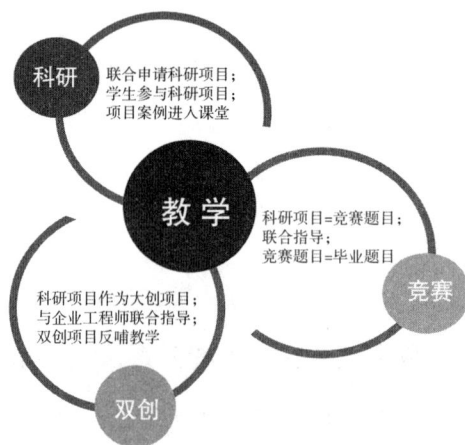

科研
联合申请科研项目；
学生参与科研项目；
项目案例进入课堂

教学

科研项目=竞赛题目；
联合指导；
竞赛题目=毕业题目

竞赛

科研项目作为大创项目；
与企业工程师联合指导；
双创项目反哺教学

双创

图3 科创赛教"四融合"

（一）科创赛教"四融合"

我院近年来努力发展学科建设和专业建设，取得了阶段性

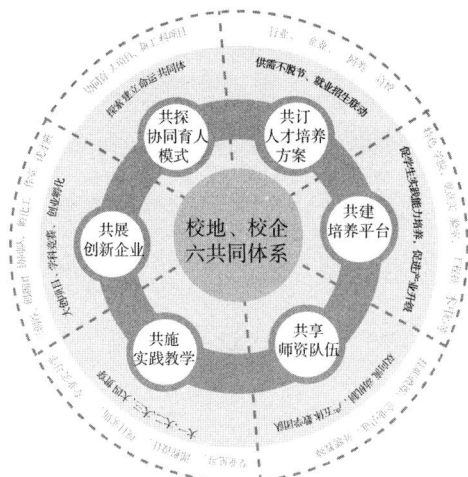

图 4　校政企"六共同"

成果，为学生的创新能力和专业实践能力的培养提供了有力支撑。学院以教学为主、科研为辅，组织学生参加各类人工智能与大数据学科竞赛或认证考试活动，建立竞赛指导团队，培训指导师资，制定竞赛辅导计划，提供竞赛资源和技术指导，锻炼学生的团队协作和解决问题的能力，帮助学生参赛，提升专业技能水平。如"1+X"考试、全国大学生计算机设计大赛等，鼓励学生积极参与教师科研项目，组建团队开展人工智能与大数据领域的研究与创新，推动学术交流和科研成果转化。

（二）校政企"六共同"

立足服务教育强国、科技强国、制造强国建设，重点服务质量强国、网络强国等国家战略，围绕数字经济产业发展，紧扣智能终端、信息技术服务等需求，校政企通过六共同四融合举措，与企业建立长期合作机制，建立校外实习实践基地，开展产学研合作项目，探索产教融合新路径，实践"多元融合"产教融合模式，搭建良好的工程实践教学平台，促进培养与就业、教学与实践、研发与转化深度融合，提升产教协同育人和创新能力，促进产业转型升级和新兴产业发展。

（三）推进教育部"AI+智慧学习"人工智能学院和四川省实验示范中心建设，充实实践教学资源

学院依托教育部"AI+智慧学习"人工智能学院和四川省试验示范中心建设，加强实验室建设，更新实验设备和软件工具，提供实验平台、数据资源和课程资源，支持学生实验操作、毕业设计、学科竞赛和创新创业。

五、实践教学体系建设成效

（一）围绕实践教学体系，取得了阶段性成绩

在教学目标与实践结合度方面，通过 1 年的校内外双循环实践教学体系的建设，随着督导督学的推进，校内外实践环节的紧密程度提高，在 2022—2023 学年第 2 学期邀请企业进校宣讲 7 次，提供 435 人次实习岗位，开展了 8 次实习就业联动访企拓岗，组织学生参加了 2 次大型实习就业招聘会；根据拓岗以及访企调研情况，制定了 2023 版人才培养方案，并在 2023 年暑假落实了各专业课程大纲，为让课程教学目标紧密结

合专业，密切结合专业实践，从 2023 级起，各专业课程均单独编号，单独编写课程大纲，实践教学课程的设置逐步体现了专业特色，符合专业人才培养的层次路径。

在实践教学课程设置与实际需求匹配度及教学方法与手段建设方面，1 年来，学校与企业共同开发课程，邀请企业专家担任兼职教师，根据实际需求匹配教学内容，使学生在学习过程中能够接触实际工作场景，提高学生的实践能力。随着线上线下混合课程的实施，以及企业上课进行现场录制等教学方法的实施，在实践教学方法上更灵活和有效，学生可以随时在课下浏览网课重现教学过程，开展实验实践。

在实践教学的产学研结合度方面，在 2022—2023 学年，我院努力寻找专业与企业融合的切入点，通过调研和论证，确定了各专业的发展方向以及人才培养目标，为提升学生的专业实践能力，我院联合政企，成功申报立项四川省人工智能与数字经济产业学院，不论在指导教师师资还是在搭建和提升学生实践教学平台的路上又进了一步；申报成功四川省"双一流"建设贡嘎计划学科——软件工程、宜宾市驻地高校特色应用型学科专业——电子信息，联合企业成功建立宜宾市流体智能测控工程技术研究中心，为提升学生专业研究和专业实践能力提供了有力支撑。

表 2 四川省第二批现代产业学院名单

序号	项目名称	学校
1	生物医学及智能医疗器械产业学院	四川大学
2	先进新材料现代产业学院	四川大学
⋮	⋮	⋮
12	体外诊断产业学院	成都医学院
13	中医药智能装备现代产业学院	成都中医药大学
14	人工智能与数字经济产业学院	宜宾学院
15	数字艺术与时尚创意产业学院	成都大学

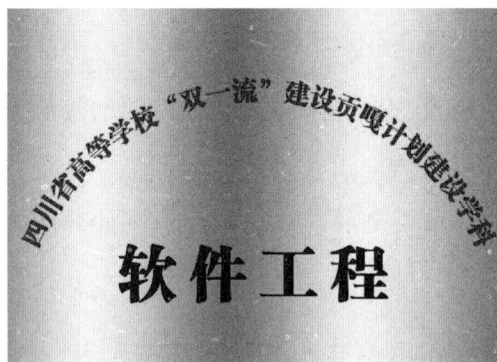

图5 软件工程成功申报省"双一流"建设贡嘎计划建设学科

表 3 宜宾市驻地高校特色应用型学科专业名单

序号	高校	学科专业
1	成都理工大学宜宾校区	新能源材料与器件
2	西华大学宜宾校区	机械工程

序号	高校	学科专业
3	四川轻化工大学宜宾校区	食品科学与工程
4	四川轻化工大学宜宾校区	控制科学与工程
5	宜宾学院	电子信息

表 4　2023 年高级工程技术研究中心认定名单

序号	中心名称	依托单位	所属县区
1	宜宾市新能源正极材料工程技术研究中心	宜宾市天原科创设计有限公司	三江新区
2	宜宾市通信信号质量快速检测与分析工程技术研究中心	四川特科云谷智能科技有限公司	三江新区
3	宜宾川红工夫红茶工程技术研究中心	宜宾川红茶业集团有限公司	高　县
4	宜宾市高端特种缝纫线工程技术研究中心	宜宾弘曲线业有限公司	屏山县
5	宜宾市流体智能测控工程技术研究中心	宜宾学院	市　属
6	宜宾市退役动力电池回收利用工程技术研究中心	宜宾学院	市　属

在实践教学教师指导方面，启用校内校外经验丰富导师进行相关项目指导。年度各专业学生毕业实习增加了 1 倍的带队教师；毕业论文的指导尽量降低 1 个教师指导学生的人数，同时增加企业导师；在学科竞赛和大创项目的指导中，由竞赛经验丰富的教师组团在赛前对学生进行授课，指导作品制作、申报书撰写、项目执行等。一年来，在各类学科竞赛中，共有 151 名学生获奖，其中国家级二等奖 8 名，国家级三等奖 21

名，省级一等奖 16 名，省级二等奖 37 名，省级三等奖 68 名，省级优秀奖 1 名；15 名学生获得数学建模省 3 等奖；大创项目国家级 12 项，省级 19 项，校级 63 项。在"1+X"职业资格证书考试中，引进校外教师团队，开班授课，并指导学生参加考试，共 6 名学生取得"1+X"网络系统建设与运维职业技能等级证书，7 名学生取得教师资格证，1 名学生获得建筑安全员证书。

在实验教学资源建设方面，学院推进四川省实验教学示范中心建设并完成验收结题。截至目前，计算机实验教学示范中心共有 30 个计算机专业类实验室和 14 个公共实验室，其中计算机机房类实验室共计 21 间，均建设为标准化考场；中心现有实验仪器设备 3200 余台件、设备总价值 4200 余万元，实验室用房 1.1 万余平方米。实践教学所需的实验室、实训基地、实习基地等实践教学场所，配备先进的设备和工具，能给学生提供实践操作和实际应用的条件。

（二）以成果为导向，建立持续改进的机制

在学校 PDCA 人才培养质量保障体系的基础上结合现代产业学院的校内校外双循环体系进行了细化，建立了计算机科学与技术学院（人工智能学院）人才培养质量保障体系。分为四个环节，第一个环节是决策与目标系统，制定质量目标；第二个环节是组织与实施系统，实现质量目标的任务内容；第三个环节是质量监控系统；第四个环节是质量评估与改进系统，完成评价整改与反馈。本体系外环内环环环可循，环环均可持续改进。

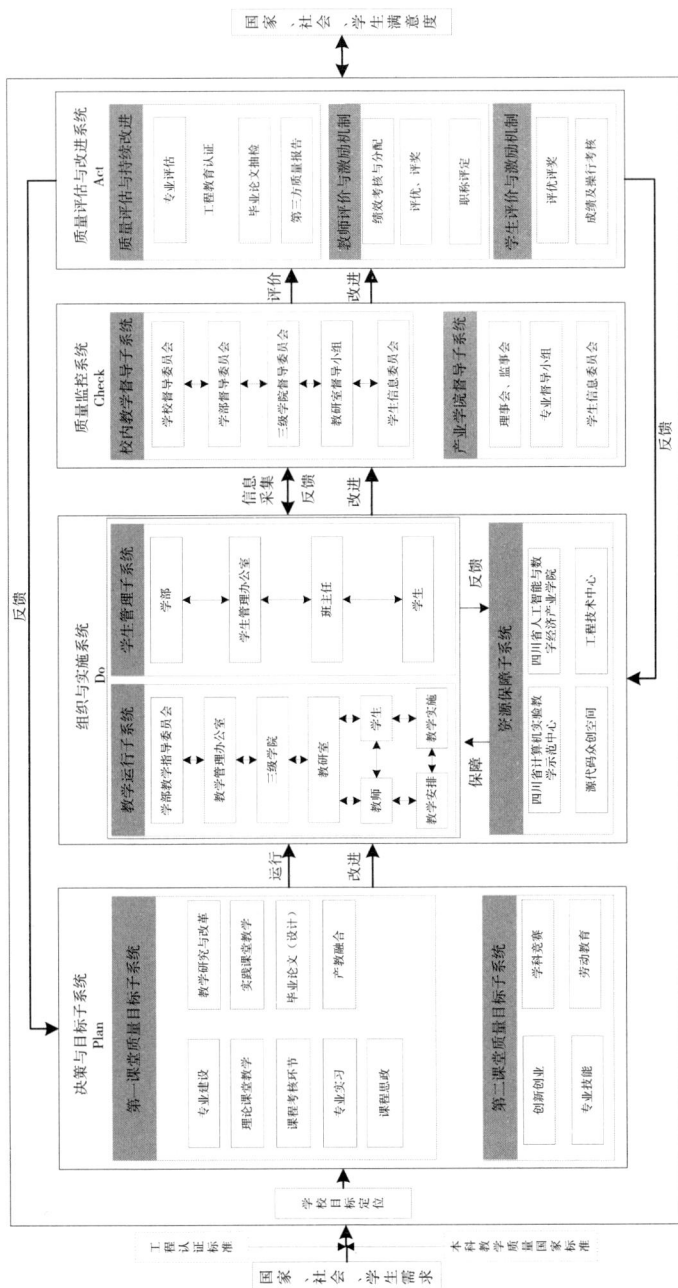

图6 人工智能与大数据学院人才培养质量保障体系图

（三）实践教学建设在路上，把梳理问题作为前进的方向

目前需要解决的问题：

1. 实践教学课程需要进一步打磨，需要进一步提升培养效能。目前实践教学课程距转型目标还有一定距离，由于 IT 行业发展变化快，需要从师资、实训内容、实训方式等方面不断探索缩小理论教学和行业实践间差距的有效途径。

2. 实践教学教师团队需要进一步聚焦，以赛促教、以赛促学需要长足发展。目前实践教学师资紧缺，需要在现有教师中进行进一步培养、引导，甚至转型，需要对各类学科竞赛进行梳理、规划、磨合、试教，才能和课程教学有机融合、互相促进。

3. 进一步引进高职称高学历教师，优化师资结构。学院学生目前已有 2500 人左右，专职教师 60 余人，距离 18∶1 的生师比要求还有一定的距离，缺口很大，高职称高学历教师人数占比 30% 左右。从教师数量和师资结构来看，师资队伍建设均有很大的提升空间。

4. 进一步推进学科建设发展，以学科建设带动专业教学前沿，带动更多学生参加科研项目。由于师资缺乏，教师授课任务较重，同时师资结构需要优化，各专业转型发展也势在必行，学院整体用于科研的时间和精力捉襟见肘。

5. 目前学生培养有一些成效，下一步应该让更多的学生参

加"科创赛",并提升"科创赛"品质。

6. 和人工智能与数字经济产业学院相关企业建立命运共同体,开展更深入的合作。

基于"赛教研产服"的"校内校外双循环"实践教学体系建设报告

魏康林　郭城

摘　要：实践教学是实现高等教育人才培养目标的主体性教学活动之一，实践教学基地建设是培养应用型专业技术人才的基本支撑条件。因此，实践教学体系构建和教学实践基地建设的成功与否，是高等教育能否真正培养出适应社会经济发展需要的应用型专业技术人才的关键。

关键词：实践教学活动；体系建设；应用型技术人才

一、实践教学体系建设指导思想

电子信息工程学院原有电子信息科学与技术、电子信息工程、机械电子工程三个专业，电子信息科学与技术、电子信息工程专业立足四川，面向全国，培养以电子技术、信号处理、通信技术、嵌入式技术为基础，具备分析、表述和解决实际问题能力，能在电子信息及相关领域中从事电子信息系统的调试研发、系统维护、应用管理等方面工作的高素质应用人才。机械电子工程专业培养能将机械与电子技术进行有机融合，能从事机电设备的设计制造、生产控制、应用研究和生产管理等方面工作的高素质应用人才。因此，电子信息工程学院提出了"智能制造与传统专业高效结合"的智能制造类专业集群建设方案，实现了学院各学科、各专业相互交叉、相辅相成、互为支撑的内循环建设。实现了高素质人才的全方位供给，更好地满足了宜宾市智能制造类产业集群人才需求，实现了校外实践教学体系建设（如图1所示）。

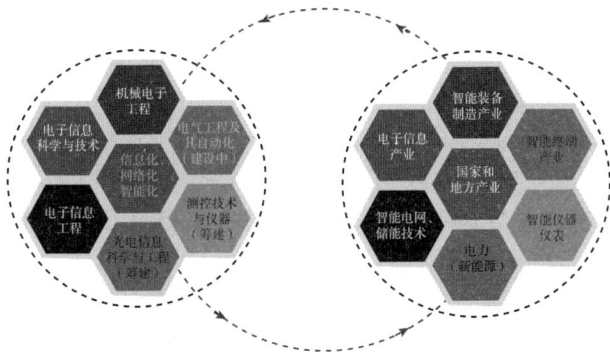

图1 双循环实践教学体系构建思路

在"校内校外双循环"实践教学体系中，校内实践教学体系与校外实践教学体系紧密结合、相互指导。校内实践教学体系培养满足智能装备产业发展需求的各类人才；校外实践教学体系指导电子信息工程学院学科基础教学，补齐校内教学实践课程体系短板。

二、校内实践教学体系建设

电子信息工程学院校内实践教学体系立足专业培养方案而建设，根据电子信息科学与技术、电子信息工程、机械电子工程、电气工程及其自动化（建设中）各个专业的毕业要求，设置对应的课程来满足学生的实践学习需求。经过不断探索与改进，校内实践教学体系已完整构建并不断更新，该教学体系由实践教学目标体系、教学内容体系、教学管理体系和教学条件支撑体系构成。在实践教学体系运行中，各个子体系既要发挥各自的作用，体现各自的功能，又要相互协调配合，以实现实践教学体系的总体目标。

电子信息工程学院在课程教学实践中运用系统科学的理论和方法，对组成实践教学的各个要素进行整体设计，以形成结构和功能最优化的实践教学系统。根据系统工程的原理，教学系统应该具有驱动、受动、调控和保障功能，才能使整个系统有序、有效地运转，从而实现系统的目标。据此，我们把实践教学体系按上述四个层面分成以下四个子体系（如图2所示）。

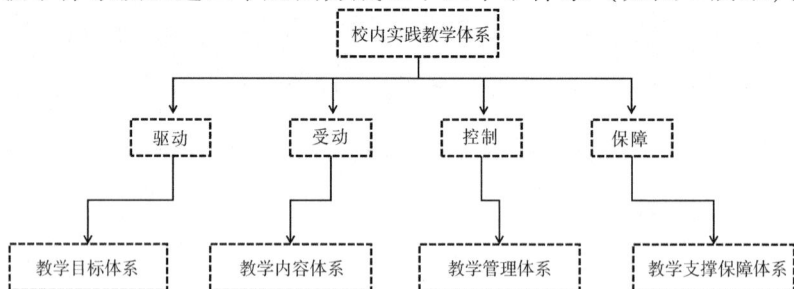

图2　校内实践教学体系结构

　　校内实践教学目标体系是各专业根据人才培养目标和实践培养要求，结合专业特点制定出的专业实践教学环节教学目标的集合体。电子信息工程学院各专业教研室结合专业人才培养目标制定出实践培养目标，合理制定出实践教学课程计划。在整个实践教学体系中，教学目标体系是核心，它既在一定程度上决定着实践教学的内容体系、管理体系和条件支撑体系的结构，同时又取决于这些体系的功能水平，在整个体系中起驱动作用。

　　校内实践教学内容体系是指各个实践教学环节（实验、实习、实训、课程设计、毕业设计、科研训练、社会实践等）通过合理配置，呈现出来的具体的教学内容。它是实践教学目标体系的具体体现，在整个体系中起受动作用。电子信息工程学院在校内实践教学目标培养方面主要以实验实践教学为主，电子信息类、机械电子类和电气工程类实验室均以专业课程基础实验为基本，以专业课程拓展实验为根本，以专业课程系统实验为目标，层层递进，并持续改进，有效地促进了学生实践能力的培养和综合素质稳定提升（图3以机电类校内实践教学体系为例予以说明）。

　　校内实践教学管理体系是管理机构、管理规章制度、管理手段和评价指标体系的集合。它在整个体系中起控制作用，进行各类信息反馈和调控。电子信息工程学院实践教学中心起关键作用，负责安排、协调学院各专业基础实验教学课程，并管理学生项目开放实验室，为学院学生参加各类竞赛提供竞赛条

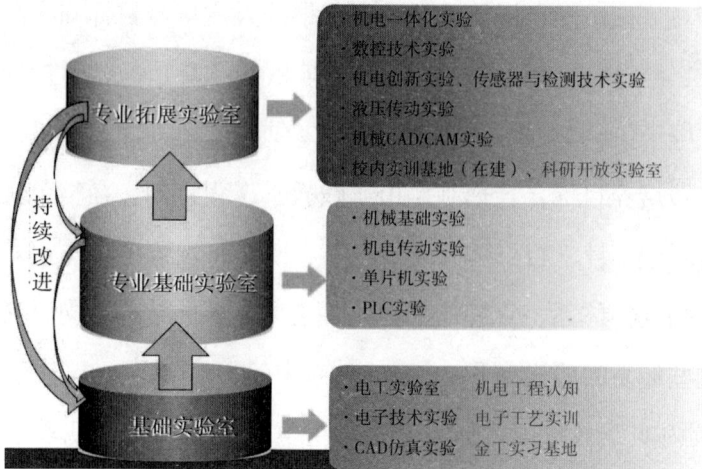

图3　校内实践教学内容（以机电类校内实践教学体系为例）

件支撑。

　　校内实践教学支撑保障体系是指专兼职教师、技术设备设施和学习环境组成的支撑保障体系。它对实践教学起着支撑、保障作用。支撑保障体系的建设已成为实践教学效果的重要因素，其成功与否决定着实践教学的成败。

三、校外实践教学体系建设

　　电子信息工程学院校外实践教学体系立足专业培养方案而建设，根据电子信息科学与技术、电子信息工程、机械电子工程、电气工程及其自动化（建设中）各个专业的专业特色以及特色发展方向，与天府新区集成电路创新设计平台、深圳大族激光、四川康佳、领歌智谷、宜宾创世纪、五粮液普什驱动等高科技企业合作共建了多处校外实践教学基地，将学院培养的人才点对点输送到实践教学基地，实现了高校与企业的协同育人，进一步提高了学生实践动手能力和就业能力。为了更好地培养学生分析、解决复杂工程问题的能力，提升学生创新能力与就业竞争力，电子信息工程学院与高科技企业在协同育人合作的基础上提出了基于"赛教研产服"的校内校外双循环实践教学育人体系（如图4所示）。

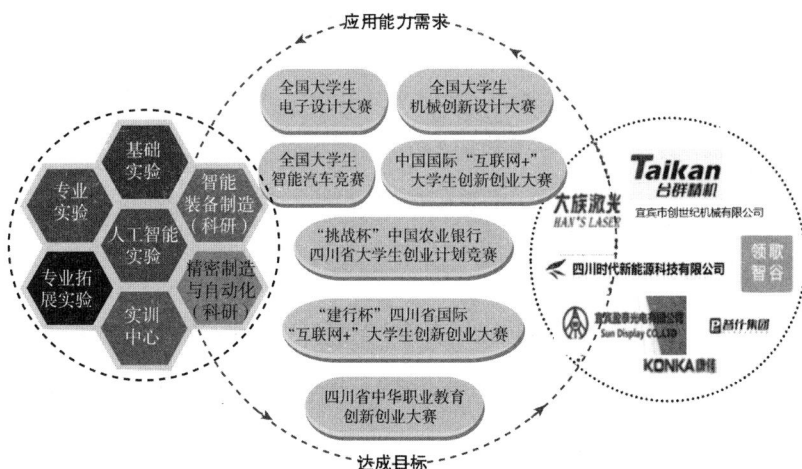

图4 基于"赛教研产服"的实践教学体系

在校内实践训练中，推行课程基础实验教学、应用创新实践教学、各类创新性竞赛并行的模式全方位培养学生，高科技企业即可根据工业生产需求与学生双向选择实践基地。电子信息工程学院十分重视实践教学工作，对基础实验教学提出了更高的目标，建设了专业拓展实训室，并成立了双创实践校内实验室，优先安排有大学生创新创业项目和横向课题的学生进入实验室充电学习，截至目前学生参加智能汽车比赛、电子设计竞赛、"互联网+"、挑战杯等竞赛获得省级以上奖励近 100 人次，申请实用新型专利、软著 20 余项，学生积极参与厅市级课题研究 5 项，立项大学生创新创业项目近 30 余项，这是产教融合的重要实施路径，有效地提升了学生的动手实践能力和解决复杂工程问题的能力。在校外实践训练中，电子信息工程学院不断优化、匹配实践基地，根据实训基地对学生的具体要求对标学生能力，学生与企业双向选择，达到全方位育人目标。

四、校内校外实践教学联动案例

（一）省级双创示范基地——赛教研产服创新创业教育实践基地建设

电子信息工程学院以新工科建设引领学院多方育人模式改革与创新，以"大学生创业创新"竞赛为"三全育人"典范驱动载体，践行"课程思政"，以工程专业认证为专业建设标准，走基于"学科交叉和产教融合"的新工科协同育人办学模式（如图 5 所示），基于"赛教研产服"创新发展模式建设"校内校外实践教学联动培养人才机制"，把校企协同育人的课题转移到实践基地，组织师生攻克技术难关（如图 6 所示），服务企业，服务社会。

（二）电子信息工程学院与三江电子测试技术研究院合建实践教学基地

宜宾学院电子测试技术产业研究院是宜宾学院与中国电子

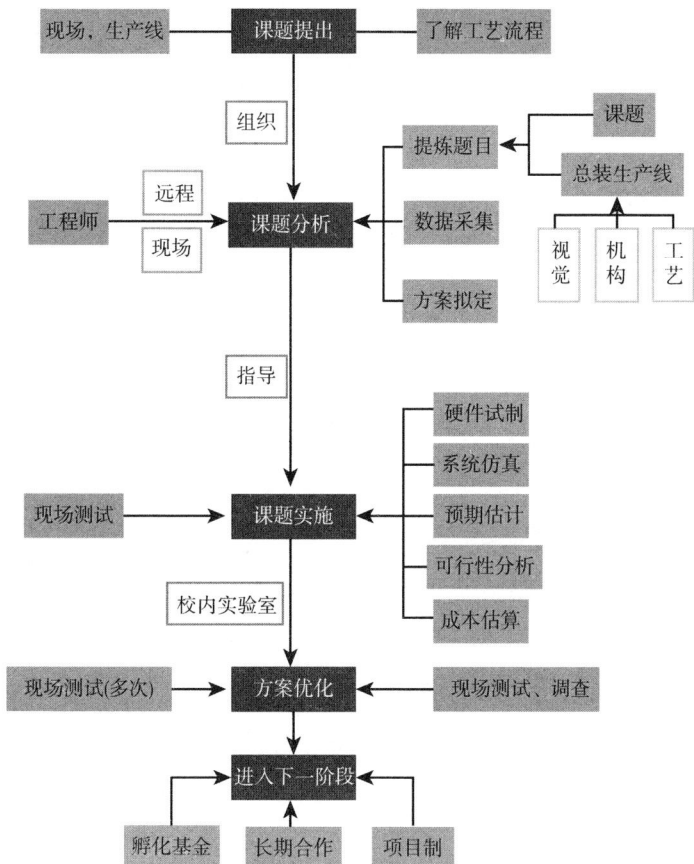

图 5　校企合作协同育人模式

图 6　教师指导学生攻克技术难关

科技集团公司第四十一研究所共建的电子测试测量产业研究平台。现有检测实验室 4 个：智能终端射频检测实验室、电子器部件检测实验室、产品可靠性检测实验室、天线及电磁兼容微波暗室。总占地面积约 600 平方米，仪器设备总值 900 余万元，台套数 47 台（件）。针对宜宾智能终端产业的终端产品测试，学院通过毕业实习、毕业设计，组织师生开展实践教学（如图 7 所示），推进了科研、教学的协同育人机制的建设。

图 7　科教协同，产教融合，实践育人

（三）电子信息工程学院与四川学到牛科技有限公司共建物联网实验室

学到牛科技有限公司，软件人才培养领军企业，总部位于成都市，创办于 2012 年，是一家培养高精尖 IT 人才的科技品牌。学到牛科技有限公司业务涵盖人力外包、高校合作、软件开发三大板块，通过高新技术和专业的解决方案，满足社会及高校的信息化、智能化需求。2023 年 5 月，四川学到牛科技有限公司与电子信息工程学院达成合作协议（如图 8 所示），共建学到牛科技宜宾学院物联网实验室，共同申报科研项目；共同出版物联网实训的相关教材；共同开展物联网相关前沿技术研究；联合制定人才培养方案和开发物联网相关课程教学。

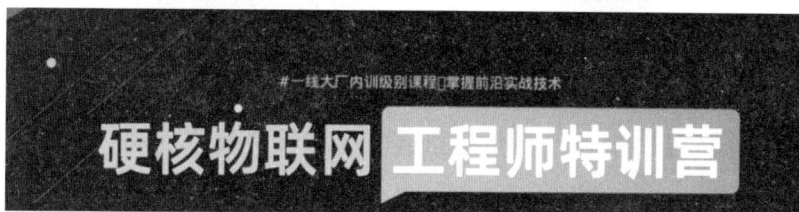

图8　电子信息工程学院与学到牛达成合作

五、总结

在实践教学体系建设过程中，电子信息工程学院探索构建的实践教学体系既有一般实践教学体系的共性，又有独特的个性和特点，主要体现在以下几方面：

第一，整体性特征。电子信息工程学院在探索校内实践教学过程中，改善了过度依附理论课程知识的状况，加强了实验教学课时比重，在实验教学过程中注重学生个人应用能力的培养，通过改革实践教学内容，减少演示性、验证性实验，增加工艺性、设计性、综合性实验，逐步形成具有相对独立性、基本实践能力与操作技能、专业技术应用能力与专业技能、综合实践能力与综合技能有机结合的实践教学体系，有效地培养学生的技术应用能力、创新能力、分析和解决问题的能力。

第二，持续贯穿与阶段深化特征。培养应用性技术人才，必须依靠强有力的有效的且持续贯穿于整个教育阶段的各种实践教学环节。要实现每一个专业按培养计划所确定的最终的技术应用能力的目标并不是一蹴而就的，特别是应用性、实践性强的技能培养，需要进行连续不间断的训练。

第三，地域性特征。高校培育高素质人才须为所在区域的社会经济发展服务，要贴近和适应区域社会经济发展、技术发展和产业结构调整变化的需求。因此，实践教学体系要体现地方产业结构特征及其技术水平，必须贴近当地企业生产和管理实际才能够实现高质量人才培养。

第四，产学研结合特征。高校实践教学体系的构建必须充分考虑到校内与校外、课内与课外实践教学的有机结合，产学研合作不仅是其实施的基本途径，更为重要的是实践教学内容的整合，是实现学生知识、能力、素质协调发展的充分必要条件，要做到"以赛促教、以赛促改"，全方位提高学生的创新能力和各方面的素质。因此，高校与高新技术企业合作共建"赛教研产服"双循环实践教学育人体系，建立"双赢"的合作机制，是建设实践教学体系的最佳模式和有效途径。

"校内校外双循环" 实践教学体系

朱登磊　　林廷文

摘　要：校内校外双循环实践教学体系构建了一种以学生为中心、以产业需求为导向的协同育人实践教育教学模式，它将校内外实践教学有机结合起来，形成一个完整的教育闭环。这种教学模式在构建过程中需要学校和企业广泛合作与沟通，制定人才培养方案，并在实践教学、实习教学、仿真实训、毕业论文和共建课程等多个环节进行研究与实施，旨在提高学生的综合素质和实践能力，使他们能够更好地适应社会的需求，在未来的职业生涯中更好地应对挑战。

关键词：实践教学；校内外双循环；教学体系

校内校外双循环实践教学体系构建了一种以学生为中心、以产业需求为导向的协同育人实践教育教学模式，它将校内外实践教学有机结合起来，形成一个完整的教育闭环。材化学院结合工科类课程的理论教学，建立了实践教育培养体系，使专业实践和实习实践进行有机结合，涵盖工程体验、教学实践、生产管理实践等；围绕宜宾学院办学定位、人才培养目标、毕业要求，结合地方经济社会发展实际，构建"校内校外双循环"实践教学体系。

一、实践教学体系基本框架

校内校外双循环实践教学体系在构建过程中需要学校和企业广泛合作与沟通，企业的管理、生产和技术人员与学校教学管理人员、专业负责人、专业教师一起，根据企业的需求和人才市场的情况，制定出一套产出导向的人才培养方案。这种方式可以更好地满足企业的用人需求，提高毕业生的就业率和职业素质，同时也有利于学校与企业之间的合作和交流。

宜宾学院材料与化工类专业结合地方产业发展，制定出了"创新型应用工程技术人才"的培养总目标，在这个总目标下，构建了图1所示的校内校外双循环实践教学体系。

在这套实践教学体系中，校内第一课堂、第二课堂融合校外企业进行认识实习、生产实习、毕业实习，校内校外实践教学环节交替循环、有效结合，实现对学生创新型应用能力和工程素质的培养。

二、实践教学体系的主要环节

对于工科专业来说，培养学生的实践能力，实践教学比理论教学更为重要。本专业实践教学体系内容的设置依据学院人

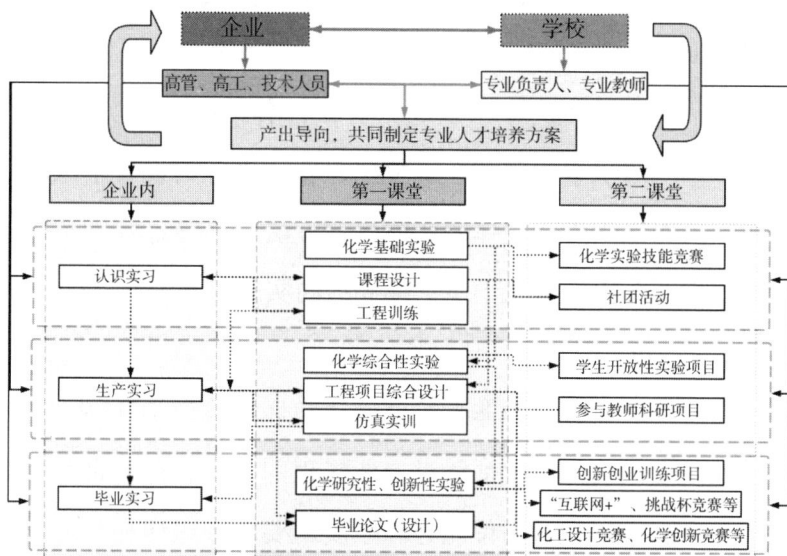

图1 材料与化工类专业校内校外双循环实践教学体系

才培养目标要求、素质要求、专业能力要求，以实验技能和工程能力培养为目标，形成了实验体系、实习实训体系和课程设计体系等实践内容的教学体系。

（一）实验教学

实验教学是学生在实验室里根据实验教学要求，在教师指导下独立完成的实践性教学环节，是培养学生实验动手能力、观察能力、实验数据源处理能力的实践教学部分。该环节能够培养学生进行分析检测、出具报告等方面的能力，为企业提供岗位适应型人才。在实验教学大纲上，贴合实际，着重锻炼学生动手操作能力和独立思考能力；实验项目方面，加强综合性和设计性的实验项目，避免重复性的验证性项目，培养学生的创新意识。在实验教学形式上，采用学书本或数字媒体（如网络慕课）的形式预先了解实验内容，带着疑问进行实验操作，培养学生不断求索的精神。实验课程教学内容的设置紧跟市场步伐，采取以学生为主体的实验教学方法和注重过程考核的实验考核方式，不断激发学生兴趣和提高实践能力。

（二）实习教学

实习是专业教学中非常重要的认知性实践教学环节。通过现场的教学来引导学生加深对专业知识的理解，并通过与企业人员的交流获得相关岗位能力和素质的要求，以便在学习中提升自己。实习教学部分分为：认识实习、生产实习和毕业实习。认识实习是学生完成专业基础理论和基础实验课程学习之后的一项认识性实践任务，是结合教学计划和教学大纲完成实习任务的教学过程，可以和课程教学形成一个整体，目的是学以致用，使学生进一步了解未来的工作环境。生产实习和毕业实习是学生完成专业理论和实践课程学习之后，实践性教学环节向企业延伸的部分，为将来的就业岗位打下基础。学生在实习中获得基本生产的感性知识，通过理论联系实际，扩大知识面，是学生在进入社会前对自己的所学知识和技术能力的检验，初步了解专业实际和体验工作实际，为今后快速融入社会打下坚实的基础，同时也是学生理论用于实践的检验途径。

（三）课程设计

课程设计是培养学生建立工程观念和掌握工程设计方法的实践教学环节，是利用专业知识解决实际问题的实践应用过程。在设计中需要学生根据自己的任务书独立开展设计工作，独立完成方案确定、流程选择、资料查找和开展计算，并对自己的选择做出论证和核算，进行分析比较，最终确定理想的方案和合理的设计。课程设计是对学生的独立工作能力和实际工作能力的一次锻炼机会，是培养学生的工程素养的重要环节。通过课程设计，使学生了解化工生产、设备的整个设计过程，熟练查阅文献资料、收集有关数据、正确选用公式，在设计最后采取答辩的形式对学生进行考核。

（四）仿真实训

仿真实训是利用仿真软件来开展教学过程的实训课，是对学生进行职业技术训练的教学环节。实训教学是运用了专业知识、技能与实践，并在这一过程中进一步拓展和深化专业知识，使职业技能熟练化的一门教学活动。通过微机操作再现实际生产过程的片段，比较系统地学习生产过程的基本工序和实际操作方法，培养工程意识，分析工艺操作参数的合理性、设备仪表是否正常运转、工艺流程和设备流程是否达标。根据应用化学专业培养目标和职业岗位能力的需要，构建化工仿真实训教学方案，对学生进行仿真动手操作能力的训练。它包括基本技能、专业技能、综合技能等操作性训练。通过仿真实训，让学生更深入地了解生产装置的工艺过程，理解课本理论与生产实际相结合，在减少对实际生产干扰的情况下，提高操作水平，让学生熟练掌握工厂的一些常见事故处理方法，减少突发性事故和误操作，可以方便地掌握不同岗位的生产运行操作技能，达到一人适合多个岗位的生产操作要求，提升学生的全面生产操作技能。

（五）毕业论文（设计）

毕业论文（设计）是学生在教师的指导下，针对某一课题，综合运用理论知识，分析问题和解决问题的应用性实践教学。其目的是让学生掌握从事专业领域实际工作的基本能力和技能，是对学生的实践能力、科研能力、论文写作能力以及论文答辩的表述能力的综合训练，是将四年所学书本知识转化为实践技术的手段，提高学生综合应用能力的重要环节，可以将学生的具体技术上升到理论认识的高度。一般要经历选题、收集资料、方案论证、设计计算（实验）、数据处理（分析表征）、设计绘图、撰写论文、参加答辩等过程。

（六）第二课堂

第二课堂是一门和第一课堂深度融合的实践实训课程，有助于构建创新人才培养体系，培养富有创新精神、创业意识和创新创业能力的高素质应用人才。材料与化学工程学院制定了丰富的第二课堂实施方案，包括文化、科技、艺术、体育、社会实践、志愿服务、课外实训等各类课外活动，特别是大学生参加学科竞赛、科技竞赛和创新创业类活动等。作为第一课堂的有机补充，通过客观记录、有效认证、科学评价学生参与第二课堂的经历和成果，为培养高素质应用人才提供有力保障。

三、实践教学体系的实施措施

（一）在实验课程的实验大纲和实验教学计划基础上，充分利用现有实验室的条件进行优化组合，对过去内容陈旧、重复的实验项目进行整改，引入一些综合性和设计性的实验，激发学生的学习兴趣，培养学生的创新能力和创新意识，在实验过程中既培养学生的实验基础操作能力，又拓宽了学生的知识面，利用所学专业知识去独立解决实验问题。开放实验的现有条件，让更多的学生申请到大学生创新创业项目，在实验中自主学习，独立解决问题，为学生今后的学习或职业发展奠定坚实的基础。

（二）实习实训是将学生的书本知识和工程实际相结合，对学生实践能力和创新能力的培养至关重要。在实习实训的实施过程中，首先利用优质稳定的校企合作实习基地。学生在进入工厂前，安排安全讲座和工厂内各个车间的产品和工艺流程学习，加深学生工程意识教育，学生在学院和实习基地的安排下，进入车间具体工作岗位进行实习，定期轮换，从工厂的所有设备和工艺流程，到生产安全管理和经济管理，让学生真正了解工厂的具体运作过程，真正在实习中培养学生的工程实践能力。在实训课程的实施中，加大对学生工程意识的培养，在课程结束后需要学生提交具体实际的作业来对学生进行考核。学生在实习实训中能够将理论与实际相结合，做到学有所长。

（三）毕业设计是最后一次对学生所学知识的大检验，从选题和导师的选择上都要经过充分调研，注意选题的深度、广度、难度，紧密联系专业特点和生产实际或导师的科研项目，确定毕业设计题目。一是要让学生兼顾专业特点，对工厂中的实际问题技术改革和改造，广泛查阅相关文献资料，不断试验，利用自身所学来解决工程实际。二是与导师科研项目的内容结合，让学生参与到导师的项目中去，让学生了解科研项目的具体意义和内涵，在项目探索性的工作中做到科研训练与毕业设计相结合，达到工程实践的目的，为工厂培养具有较强实用性的专业技术人才。

（四）为进一步强化第二课堂在人才培养中的重要作用，协同推进第一课堂和第二课堂的深度融合，创新人才培养体系，培养富有创新精神、创业意识和创新创业能力的高素质应用人才。材化学院制定第二课堂活动实施方案并纳入人才培养方案，明确第二课堂的活动内容、活动安排和指导教师，按专业分期列出学生参加第二课堂活动的计划，并采取切实有效的措施认真组织实施和考核。

四、实践教学体系的成效

通过"校内校外双循环"实践教学体系的构建与实践，形成了稳定且专兼合一的师资队伍，校企合作模式取得了突破性的进展。聘请企业一线技术管理人员作为专业兼职教师，开展讲座，参与指导学生竞赛和学业规划，参与学生毕业论文和实习指导，并共同研究和探讨教育教学改革，进行了"化工原理实验""制图与CAD""计算机在化学化工中的应用"等课程的共建；学院通过向实践基地选派优秀教师作为实习生指导教师的方式，确保每一名实习生都有一位专业教学指导教师和一位企业指导教师，并支持和协助实习生开展实践实习调研工作。

依托"校内外双循环"实践教学体系的开展，学院学生的实践技能水平显著提高。近3年材化学院建设省级一流本科课程1项；校级教学改革项目9项；学生参与竞赛500余人次，获奖人次232人，其中获得国家级竞赛二等奖3项、三等奖6项，省级竞赛一等奖4项、二等奖8项、三等奖52项；国家级大创项目3项，省级大创项目6项；学生发表期刊论文12篇；发表专利4项。

基于 PDCA 循环的校企双循环实践教学体系

赵品瑶

摘　要：四新建设背景下要求构建学科专业新结构和人才培养新模式，对传统专业进行改造升级，开展深化产教融合和校企合作的体制机制，打通"教学—实践—创新"的循环反馈机制，实现产学研"双循环"实践教学体系。质量管理与检验检测学部以培养高素质应用人才为目标，坚持产出导向，将校内理论学习和校外企业实践相结合，围绕"质量与标准化"特色，构建了"校内校外双循环"实践教学体系。在该体系中，我们引入了 PDCA 循环这一全面质量管理的思想基础和方法依据，使得整个体系完整而高效地运行，为实现实践育人和校企合作提供了强有力的保障。

关键词：校内校外双循环；PDCA 循环；实践教学体系

教育部等八部门发布的《关于加快构建高校思想政治工作体系的意见》首次将实践育人与校园文化、网络育人、心理健康确定为高等学校四大日常教育体系，并将实践教育教学列在首位，要求高校把思想政治教育融入社会实践、志愿服务、实习实训等活动中，创办形式多样的"行走课堂"。当前，国务院针对高校人才培养出台了一系列政策和措施，强调将实践与理论教学深度融合。实践是检验真理的唯一标准，也是深刻认识知识和理解知识的有效途径。实践育人突出了高校以人为本的教育方针，有利于促进学生健康发展，让学生在参与实践活动的同时提高综合素质。学生参与实践活动的过程，也是知识和实践良性循环的过程，相对于传统教学模式而言，实践教学模式不仅能够提高教学质量，还能够体现高校立德树人育人宗旨，但是，高校实践教学体系化建设还面临种种问题与挑战。

一、实践教学体系的问题

（一）实践目标含糊不清，实践体系构建不足

实践教学的目标应当是培养学生相关的能力、习惯、态度及鉴别力等。但是，当前我国高校大多只是静态呈现了国家层面对实践课的宏观意义表述与价值倡导，缺乏对实践教学目标的系统梳理与重新构建。一些高校脱离了自身办学实际与办学条件，导致实践教学目标缺乏标准和清晰的定义及释义，实践教学过程无法得到有效管理，学生在实践活动中所获甚微，即实践教学目标形同虚设。因而，高校如何设立自身实践教学目标体系，成为当前实践育人体系建设高质量推进的关键。

（二）实践课程整合不够，实践内容参差不齐

一些高校聚焦实践教学工作的具体实施环节，积极探索与专业学习、勤工助学、社会服务、择业就业、创新创业等相结合的实践机制与形式，将教学实习、军政训练、义务支教、志愿服务、创新创业等形式丰富、内容多元的活动作为学生社会实践内容纳入学分体系，或通过第二课堂成绩单等方式尝试探索实践课程，从而完善社会实践活动。但由于高校普遍缺乏对实践教学的顶层设计、目标制定、具体规划、激励考核，名目繁多的实践课程缺乏整体上的整合，实践内容的娱乐化、形式化、无序化现象丛生。

（三）考核标准科学性不足，育人成效难以评价

当前，部分高校正积极探索将学分制管理纳入实践教学环节，从"量"上把握学生参与实践的结果，但不能从"质"的维度考核学生参与实践课程的成效，无法有效衡量学生的个人收获与成长增值。深究其理，是因为当前高校尚未清晰界定实践对学生发展的正向促进作用。正因如此，高校也难以出台可操作性和推广性强的实践参与成效考核标准，导致学生在实践中出现大量的"搭便车""走马观花""旅游走过场""签字敲章分分钟"等现象。

（四）评价机制尚不完善，实践质量难以评估

评价机制是检验实践教学成效的关键。但是，当前高校尚未明确评价的理念与具体评价方法，还未构建起可操作性强的

38

实践考核评价体系，对不同内容、不同形式的实践内容缺乏质量把控，也未在学生、教师和学校之间建立良好的沟通渠道和反馈机制，难以发现和解决实践活动实施过程中存在的内容设计、师资水平、资源优劣、实施合理性等问题。随着大学生社会实践的不断深入和高校实践教学的持续推进，根据国家对实践育人的系统部署，高校应努力探索建立能够有效衡量实践教学体系建设质量的评估机制。

虽然营造高校实践育人的环境越来越受重视，但是就高校场域而言，实践教学在立德树人实践中仍然面临着"合法性困境"。一方面，开发方式、方法、技术、理论、思想等方面的不成熟导致"开发不当"，致使实践教学深陷"形式合理性问题"；另一方面，科学性、规范性、理解水平等方面的局限性使得实践教学"流于形式、浮于表面"，面临着"质量合法性"的挑战。

二、实践教学体系的构建

学部以工作能力需求为导向构建实践教学体系，培养具有"质量与标准化"意识和能力的，具有丰富理论知识、扎实实践技能和过硬综合素质的高素质应用人才。从企业岗位需求出发，梳理胜任该岗位的能力要求，从而形成理论和实践教学体系。理论教学主要包括校内基础理论知识的学习和校外岗位知识的学习两部分，实践教学主要包括校内实践和校外实践两部分。通过理论的学习和实践，培养学生的自主学习能力、思考和解决问题能力、沟通能力以及团队协作能力等。

学部从实践教学管理体系、实践教学要素体系、实践教学内容体系、实践教学制度体系和实践教学评价体系等方面着手，对各分支体系进行构建，从而形成完整的实践教学体系。

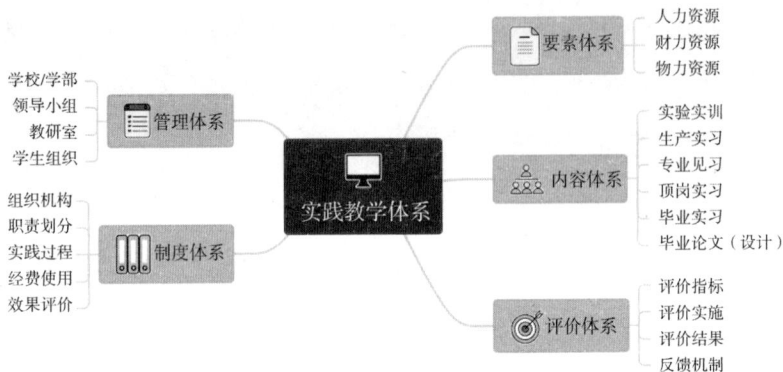

图1 质量管理与检验检测学部实践教学体系构成要素

（一）实践教学管理体系

优化管理体系，加强统筹指导，落实责任清单。作为推动实践教学体系建设的重要一环，最为关键的是在明确各层管理体系和各个科室职责分工的基础上，相互配合、统筹协作，加强对实践教学工作的管理、指导和监督。在高校中自然存在着从学校到学院（部），再到各级学生组织的清晰结构，这为实践教学管理体系的构建提供了先天的环境。基于专业的实践教学，要在学校管理部门教务处的统一领导下，学部成立实践教学工作小组，对学部实践教学工作进行管理和指导，引导各教研室组织学生开展工作。在制度设计和实际工作开展中，注意有效的工作沟通和配合，实现学校实践教学活动统筹指导，有力推进学校实践教学体系建设的规范化和制度化。

（二）实践教学要素体系

要素资源的合理配置和有效使用是支撑学部实践教学工作有序开展的重要保障。实践教学工作开展所需的各类要素归根到底是人、财、物等要素资源合理、高效、均衡地配置和使用。学部审核各专业人才培养方案，从顶层设计抓实践教学工作，再按照各专业人才培养的需求，建立统筹全过程的要素投入分配机制，按照部门和科室职责划分，将任务要求、所需资源等进行合理分配。同时，政府、社会、学校可协同联动形成"实践教学共同体"，有效整合各要素资源，推进深度融合，集聚育人效应。

（三）实践教学内容体系

搭建内容体系、增强学生的获得感，是提升实践育人活动吸引力，让高校学生真正融入实践教学活动，使实践教学工作真正能够达到培养高校青年学生人才的关键。在实际工作中，我们加强实践教学顶层设计，将实践教学与专业设置、培养目标、专业教学相结合，系统设计实践内容体系，确保统一性、协调性，而非重复与割裂，从而实现预期的教育目标。如构建工科专业的集生产实习、专业见习、毕业实习、毕业论文（设计）、实验实训等为一体的实践教学内容体系，提升学生对实践意义的认识，增强学生参与实践的动力。

（四）实践教学制度体系

完善的制度体系建设，是规范实践教学体系建设、推进实践教学工作有序开展的重要保障。制度体系对实践教学工作的诸多内容，如宣传引导、运行保障、考核评价等进行规范和统筹安排，这规定了实践教学体系的制度体系必须对实践教学工作的开展提供必要的支持、保障、规范和指导。制度体系的建设包括明确组织机构、职责划分、实践过程开展、经费使用、效果评价等内容，对实践教学工作的开展提供整体性的指导、规范和监督。

（五）实践教学评价体系

当前，重实践、轻评价的现象比较普遍，导致实践教学效果没有得到反馈，也就不会有改进。实践教学评价体系内容包括实践教学评价指标体系构建、评价工作实施和评价结果形成等几个部分。评价对象包括三个部分：一是实践主体，即对学生参加实践活动的成效进行评价；二是学部，学部是实践教学的组织方，要通过评价环节对实践教学情况进行总体性评价，旨在总结经验、查找不足；三是社会参与方，即参与实践教育的企事业单位或其他社会组织。要坚持实践内容发展与学生发展相统一的原则，构建学部综合性评价、教师参与性评价、学生体验性评价"三位一体"的考核评估体系，全方位评价实践教学质量。

为了全方位提升学部实践教学的效果，除了从以上五个方面构建分支体系外，还需要从校内、校外两个层面，以 PDCA

循环为手段，构建起校内校外双循环实践教学体系，并且在 P（决策、计划）、D（执行、运行）、C（检查、监控）、A（处理、改进）四个环节明确好校内和校外，即企业和学部的具体工作任务，进而双方相互配合，共同完成实践育人。

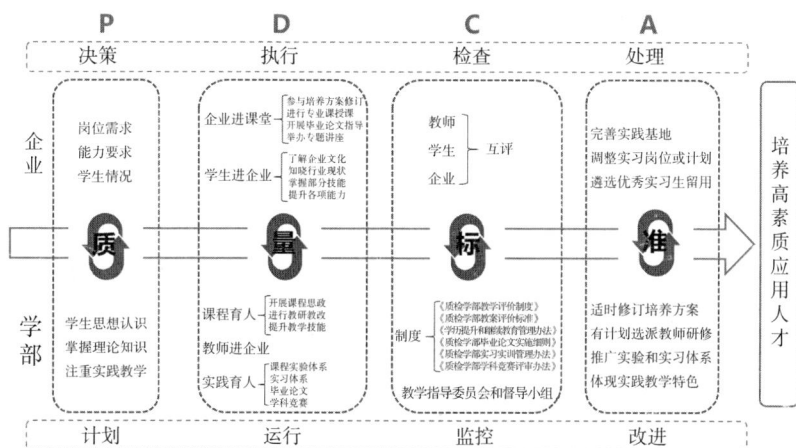

图 2　质量管理与检验检测学部 PDCA 循环实践教学体系

三、实践教学体系的部分举措

（一）调研人才需求和人才培养

为深入了解当前行业发展趋势以及对质量管理工程、标准化工程、食品质量与安全和安全工程专业人才的实际需求，学部领导带领科室负责人和专业负责人多次赴中国计量大学质量与安全工程学院、标准化学院、四川省冶金地质勘查局水文工程大队、川煤集团、丝丽雅、重庆工业化自动仪表研究所等单位开展实地调研交流。

（a）广州 SGS 通标标准技术服务有限公司　（b）中国计量大学质量与安全工程学院

（c）四川省冶金地质勘查局水文工程大队　（d）四川省煤炭产业集团有限责任公司

（e）宜宾丝丽雅集团有限公司　（f）重庆工业化自动仪表研究所

图 3　学部开展实地调研交流

（二）邀请企业导师进课堂

为进一步深化双循环实践教学体系构建，全面推进产学深度融合，学部结合专业发展现状及专业课程开设情况，通过建立校内外的互动机制，邀请有实践经验的优秀企业家、职业经理人走进课堂，促进学部教学紧密贴合企业生产实际，将企业的新知识、新技术、新需求、新形势融入课堂教学，不断提升课堂教学质量、增强学生专业技能、提高应用实践能力，培养更多贴合企业需求的高素质应用型人才。

（a）四川威尔检测技术股份
有限公司副总经理

（b）帝斯曼维生素（上海）
有限公司中国区经理

（c）成都大帝汉克生物科技
有限公司研发总监

（d）韩国 EASYBIO 集团中国区负责人

图 4　企业导师进课堂

（三）举办校内特色实践教学活动

积极开展具有专业特色的实践教学活动，由学部和专业进行活动的统筹，学生进行活动的设计和实施，通过开展活动，锻炼了学生的组织能力和创新能力，同时提升了参与学生对相关知识的理解和认识，有力地提高了学生的理论知识和实践能力。

（a）世界标准日宣传活动　　（b）世界标准日征文比赛

（c）学生标准化创意科普大赛作品　　（d）知识产权周宣传活动

（e）知识产权周宣传活动　　　（f）标准化征文和板报比赛作品集

图 5　校内特色实践教学活动

（四）搭建校外实践教学基地

学部积极走访校外企业，了解企业需求，搭建校外实践基地，给学生校外实习实践提供平台。学校在企业实习期间，由企业指定指导教师，与校内指导教师结对，共同开展学生培养，关注学生实习实践期间的表现，校内导师负责解决学生专业知识层面遇到的问题，企业导师负责解决学生应用层面遇到的问题，通过双导师的共同培养，有效提升了学生应用和创新的能力。

表 1　校外实践教学基地

序号	基地名称	建立时间	面向校内专业
1	四川省宜宾市思坡酸业有限责任公司	2020	食品质量与安全
2	云南水富理世实业(集团) 有限责任公司	2020	食品质量与安全
3	宜宾今良适制酒有限公司生产分公司	2020	食品质量与安全

续表

序号	基地名称	建立时间	面向校内专业
4	宜宾市真田矿泉水业有限公司	2020	食品质量与安全
5	宜宾市税油质量监测站	2020	食品质量与安全
6	嘉士伯建酒宜宾有限公司	2020	食品质量与安全
7	宜宾市产品质量监督检验所	2020	食品质量与安全
8	宜宾市长江肉食制品厂	2020	食品质量与安全
9	四川省瑞测检验检测有限公司	2020	食品质量与安全
10	四川省宜宾市长兴酒业集团有限公司	2021	食品质量与安全
11	宜宾五粮液生态酿酒有限公司	2021	食品质量与安全
12	宜宾山勾勾农业科技有限公司	2021	质量管理工程、食品质量与安全、安全工程
13	中国船级社质量认证公司重庆分公司	2021	质量管理工程、食品质量与安全、安全工程
14	重庆斯欧智能科技研究院	2021	质量管理工程、食品质量与安全、安全工程
15	联众智慧科技股份有限公司	2021	质量管理工程、食品质量与安全、安全工程
16	锐排网络股份有限公司	2021	质量管理工程、食品质量与安全、安全工程
17	四川省冶金地质勘查局水文工程大队	2021	质量管理工程、安全工程
18	工业云制造（四川）创新中心有限公司	2021	质量管理工程、食品质量与安全、安全工程
19	上海麦金地集团股份有限公司	2021	质量管理工程、安全工程
20	航空工业宜宾三江机械有限公司	2022	质量管理工程、食品质量与安全、安全工程

序号	基地名称	建立时间	面向校内专业
21	四川芙蓉川南建设工程有限公司	2022	安全工程、质量管理工程
22	宜宾市宜香食品有限公司	2022	食品质量与安全
23	宜宾碎米芽菜有限公司	2022	食品质量与安全
24	四川徽记食品股份有限公司	2022	食品质量与安全

（五）开展校外实践教学环节

根据学部各专业人才培养方案提出的应用型、复合型、高素质管理人才培养目标的要求，坚持"学以致用"的实践教学设计思想，在人才培养方案中积极进行实践教学模式创新和路径探索，强化课上和课下、校内、企业的实践环节，构建包括实验、实训、实践、实习和企业合作多渠道、多路径的实践教学体系。通过课程学习、课程实验、实训、暑期社会实践、实践基地实训、大学生创新创业项目及创业竞赛等，让学生在实践中发现自己的兴趣与专长，全方位提高实践能力。

（六）组织参与学科竞赛

学部为进一步提升大学生创新和应用实践能力，积极组织学生参加各类学科竞赛，教师在指导过程中训练学生组织、思维、操作和团队能力。近年来，组织学生参加了"互联网+""挑战杯"、全国大学生市场调查与分析大赛、全国大学生生命科学竞赛、全国大学生测绘学科创新创业智能大赛、全国大学生标准化奥林匹克竞赛等多项赛事。围绕学校和学部"质量与标准化"办学特色，培养学生质量文化，普及标准化知识，传播标准化理念，学部组织申报并获批了四川省大学生标准化创新实践大赛，承办了 2023 年全国大学生标准化奥林匹克竞赛西南区域赛，举办了宜宾学院标准化奥林匹克竞赛等。

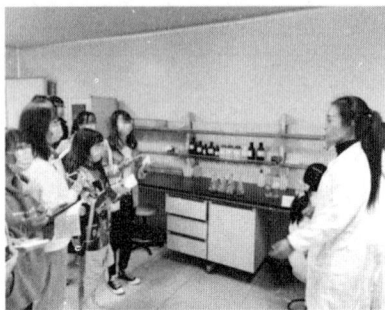

（a）企业标准化生产参观实习　　（b）宜宾市产品质量监督检验所检测实习

（c）与加多宝共同举办凉茶研发大赛（d）与五粮液消防大队共同开展消防安全教学

图 6　校外实践

（a）全国大学生标准化竞赛优秀组织奖　（b）举办标准化国赛和省赛决赛

（c）参加全国大学生标准化竞赛决赛　（d）竞赛路演现场

（e）与五粮液消防大队共同开展消防安全教学（f）参加大学生安全与应急技能大赛

图 7　学科竞赛

四、实践教学体系的成效

（一）学科竞赛

2023 年，学部 25 名教师指导学生参加各级各类学科竞赛 12 项，225 个学生团队 1054 人次参赛，获得国家级、省级奖项共计 66 项，学科竞赛获奖数量为 2022 年的 116%。我校在全国大学生标准化奥林匹克竞赛、四川省大学生标准化创新实践大赛、四川省大学生食品创新大赛、全国大学生生命科学竞赛、四川省大学生安全与应急创新实践大赛等 5 项学科竞赛中获得优秀组织奖。

表 2　学科竞赛获奖情况（以食品质量与安全 2022 届为例）

序号	时间	参赛项目	学生姓名	获奖等级	指导教师
1	2021 年	2021 年全国大学生命科学竞赛（科学探究类）	李嘉怡、赵丹、陈爱霖、江佳骏、张雪婷	国家级三等奖四川省二等奖	袁华伟
2	2021 年	2021 年"建行杯"四川省国际"互联网+"创新创业大赛	彭漪粲、杨雪、王芝懿、王海浪	四川省三等奖	赵品瑶
3	2021 年	2021 年"建行杯"四川省国际"互联网+"创新创业大赛	沈文斌、王稼辰	四川省三等奖	赵品瑶
4	2021 年	2021 年四川省大学生生物与环境科技创新大赛	张敏琴、刘婉桐、陈思羽、张雅婷	四川省三等奖	袁华伟
5	2021 年	2021 年四川省大学生"生命之星"科技邀请赛	毛玉青、罗诗怡、付莉、谢琦琦、付晓雪	四川省二等奖	李　莉

序号	时间	参赛项目	学生姓名	获奖等级	指导教师
6	2020 年	2020 年四川省大学生生物与环境科技创新大赛	王海浪、王稼辰、谭海燕、刘晓宇、沈文斌	四川省三等奖	赵品瑶
7	2020 年	2020 年四川省大学生"生命之星"科技邀请赛	陈爱霖、赵丹、胡艺凡、江佳骏	四川省三等奖	袁华伟
8	2020 年	2020 年四川省大学生环保科普创意大赛	张雪婷、李嘉怡、孙畅、马熙梦	四川省二等奖	袁华伟
9	2020 年	2020 年全国大学生电子商务"创新、创意及创业"挑战赛	李金洋、龚殊、胡惠、齐钏、徐欢	四川省二等奖	吴芳

注：省级及以上获奖 10 余项，其中国家级 1 项。

（二）大学生创新创业训练计划

学部提前规划大学生创新创业训练项目的申报，组织教师参与培训，组织学部评审专家对项目申报书进行评审，提出修改意见。24 名教师指导 73 个学生团队申报大创项目，获国家级立项 5 项、省级立项 5 项、校级 19 项。

表 3　大学生创新创业训练计划立项（以食品质量与安全 2022 届为例）

序号	项目计划	项目级别	项目名称	项目负责人	项目类型	指导教师
1	2021 年大创	国家级	一种源自油樟木醋液的果蔬营养液的研发	唐易龙	创新训练	吴芳
2	2021 年大创	国家级	发酵浓香型白酒糟饲料的工艺优化及其对猪生长性能和肉品质的影响研究	王海浪	创新训练	赵品瑶

续表

序号	项目计划	项目级别	项目名称	项目负责人	项目类型	指导教师
3	2021年大创	国家级	发酵黑水虻在生猪养殖中的应用及其对猪生长性能、肉制品的影响研究	谭海燕	创新训练	赵品瑶
4	2021年大创	省级	青椒天然复合保鲜剂的筛选及保鲜效果研究	毛玉青	创新训练	李 莉
5	2021年大创	省级	植物源天然防霉剂肉桂醛在花生黄曲霉污染防控中的应用研究	米雪琴	创新训练	吴 芳
6	2021年大创	省级	NFC沙棘-刺梨复合果汁加工关键技术研究	孙 畅	创新训练	柳佳芸
7	2021年大创	省级	脱油油樟叶多糖的纯化工艺研究	纪芳媚	创新训练	李 莉
8	2020年大创	校级	艳山姜果实挥发油对金黄色葡萄球菌作用机制研究	罗诗怡	创新训练	李 莉
9	2020年大创	校级	豆渣栽培食用菌的研发与销售	赵丹	创业训练	袁华伟
10	2020年大创	校级	四川麸醋发酵过程中的特征香气物质分析	张 茜	创新训结	刘 燕
11	2020年大创	校级	微生物对米酒发酵过程生物胺形成的影响	李嘉怡	创新训练	袁华伟
12	2020年大创	校级	米酒糟发酵乳酸菌饮料	张雪婷	创新训练	袁华伟
13	2020年大创	校级	竹笋绿色保鲜贮藏技术研究	汤 茜	创新训练	吴 芳

　　注：13人作为负责人主持创新训练，其中4人主持省级项目，3人主持国家级项目。

（三）就业与深造

学部通过一系列的实践活动，提升了学生的创新创业能力和专业技能，同时也培养了学生的科学素养，具有"质量与标准化"特色的人才培养逐渐显现出就业优势和较强的就业竞争力。近年来，学部3个已有毕业生的专业就业率稳中有升，毕业生整体就业率保持在95%以上。同时，高质量就业毕业生也呈现出增长趋势，如学部考研同学比例逐年增加，考取研究生及考取"双一流"高校的人数也在不断增加。

表4　学生考研录取情况（以食品质量与安全2022届为例）

序号	姓　名	本科所学专业	研究生所学专业	研究生录取学校名称	备注
1	靳　燕	食品质量与安全	生物学	电子科技大学	"双一流"
2	王稼辰	食品质量与安全	生物学	郑州大学	"双一流"
3	彭飞越	食品质量与安全	食品加工与安全	西南大学	"双一流"
4	袁　凤	食品质量与安全	食品加工与安全	河北工业大学	"双一流"
5	江佳骏	食品质量与安全	材料与化工	福建农林大学	
6	罗诗怡	食品质量与安全	渔业发展	福建农林大学	
7	刘晓宇	食品质量与安全	食品加工与安全	四川农业大学	"双一流"
8	周盈盈	食品质量与安全	食品加工与安全	浙江农林大学	
9	张雅婷	食品质量与安全	食品科学与工程	南京财经大学	
10	欧　雪	食品质量与安全	食品加工与安全	云南师范大学	
11	曾　庆	食品质量与安全	食品加工与安全	成都大学	

续表

序号	姓　名	本科所学专业	研究生所学专业	研究生录取学校名称	备注
12	张　茜	食品质量与安全	化学生物学	宁夏医科大学	
13	张雪婷	食品质量与安全	食品加工与安全	云南农业大学	
14	王海浪	食品质量与安全	食品加工与安全	西南林业大学	

　　注：全班36人，21人考研，17人上线，14人被录取，其中5人被"双一流"大学录取。

基于项目化的"12345"实践教学体系的探索与实践

郭鹏　李嘉　侯茂　付绿倩

摘　要：宜宾学院农林与食品工程学部以区域行业发展需求为导向，以学生应用能力、创新能力培养为核心，协同校内外资源，构建了基于项目化的"12345"实践教学育人体系，并采取健全实践教学质量监督管理机制、强化质量考核、完善规章制度、细化评价体系、建立双导师制度等措施加强实践教学能力保障建设。学部高度重视产教融合培养创新创业人才，把产教融合、协同育人理念贯穿人才培养全过程，实践教学取得较好成效。

关键词：项目驱动；实践教学；产教融合；教学模式

为学习贯彻落实党的二十大报告精神和习近平总书记来川来宜来校视察重要指示精神，认真践行"创新、协调、绿色、开放、共享"五大发展理念，农林与食品工程学部紧紧围绕农业现代化发展需求，服务区域经济社会发展，以立德树人为根本，以强农兴农为己任，以新工科、新农科建设为引领，依托"校企合作、产教融合"的专业特色优势，聚焦"项目"内涵建设，积极探索与实践了以项目驱动创新应用能力培养的新时代农林多样化人才培养实践教学体系。具体内容如下：

一、实践教学体系建设的主要内容

以区域行业发展需求为导向，以学生应用能力、创新能力培养为核心，协同校内外资源，构建"12345"实践教学育人体系，即打造一个"项目化"的特色实践教学模式，连接校内实践环节与校外实践环节两条线交替联动协同，创设"基础技能、综合应用、创新实践"三层级递进的实践能力培养课程体系，联动实验教学平台、科研创新平台、政企实训平台和能力检验平台四方平台，建设项目资源、信息技术、师资队伍、产业服务和质量保障等五类资源支撑（图1）。

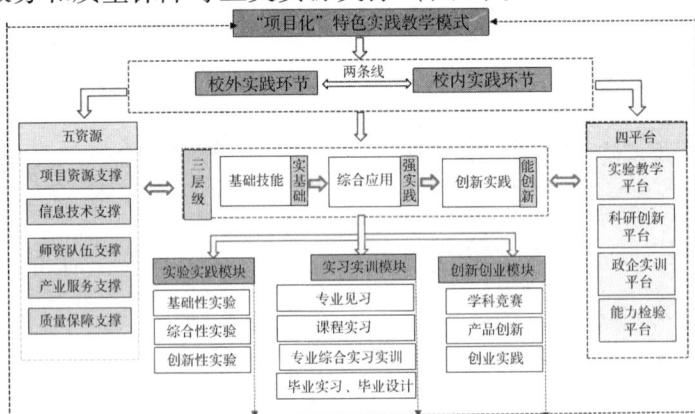

图1　基于项目化的"12345"实践教学体系

（一）构建"项目"驱动实践应用能力培养的递进式实践课程体系

初步构建了"项目"驱动的实践应用能力培养的递进式实践课程体系，开展了高素质应用人才培养模式的探索。按照"基础、综合、创新"功能分类及"模块化"课程建设思路，对依附于理论课程的实验项目进行归并重构，独立设置实践课程，构建由"基础实验、综合实验、创新实验"组成的课程实验体系、"专业见习、课程实习、专业综合实习、设计实训、毕业实习、毕业设计"组成的实训实习体系及由"技能竞赛、科研创新、社会实践"组成的创新创业体系。然后依据"工作任务项目化"原理，按照"定项目、定内容、定学时、定目标要求、定经费、定考核办法、定指导教师、定实验室"的要求，建设"项目"驱动创新创业能力培养的实践课程。

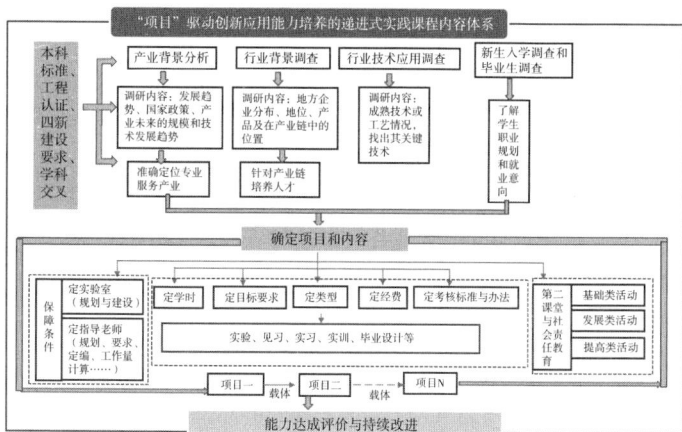

图2 "项目"驱动实践应用能力培养的递进式实践课程内容体系

（二）建立"产学研用"融合一体的校内外实践教学平台

初步建成集实验、实训、实习、科研、生产、社会服务于一体的校内外实践教学基地，注重培养学生实践操作技能，使学生的实践能力、创新能力和可持续发展能力得到提高。围绕培养高素质应用人才的实践能力和创新能力，以满足科技前沿和产业链需求为导向，以人才培养为根本，按照"硬件设施合建合用、软件资源互联互通、科技人才联培联用、研究成果共享共有"的基本原则，全面重组科研创新平台和校内外基地，充分整合多方资源，建设集实验、实训、实习、科研、生产、社会服务"六位一体"的校内外实践教学基地。具体举措如下：

1. 联合行业企业，建好研发平台。推进固态发酵资源利用，做好四川省重点实验室、精制川茶四川省重点实验室、四川省油樟工程技术研究中心等已有科研平台建设。加强与宜宾市茶产业研究院、川茶集团、五粮液集团等单位深度合作，构建"学校+企业+人才培养、师资提升、平台建设、产业服务等"的"1+1+N"学科发展模式。

2. 依据学科发展方向，本着满足专业课程教学需求、服务学生创新创业的思路，满足学科竞赛、创新创业训练、学生和教师的科研以及社会服务的需要，建好专业实验室。

3. 以满足学生实训、实习、创新创业训练和技能训练的需要为目的，建设茶叶加工技术中心、农产品储藏与加工技术中心、实验农场等校内生产性实验室。积极探索校内实验农场学生管理运行模式，让学生在实践中提升自己的专业水平和综合素质，实现培养高素质应用人才的目标。

4. 加大校企合作力度，加强校外实习基地建设。结合我部8个专业建设，已建37个校企深度融合的实习基地，建立合作机制，推进建设国家农业科技园区国家级茶树种植资源库等，重点加强校企双方在教学（教学实习、毕业实习）、硕士学位授权点建设、重点实验室（平台）建设、科研、学生实习实践活动和学生就业等方面的合作。

（三）加强教学团队建设，建成一支开放型、多元化的"双师型"实践教师团队

我部将从人才引进和人才培养两方面加强师资队伍的建设工作。引进人才，鼓励青年教师提升学历水平，加强对新教师的管理和培养，逐步组建较高水平的教师团队，改善现有教师的师资结构，带领学部的教学、科研进一步发展。

1. 加强对教学团队、科研团队、创新创业指导团队三大团队的建设和打造，引导新进博士进入团队，增强团队战斗力。

2. 鼓励教师通过访问交流、进修学习、企业兼职、企业锻炼等方式提高自身能力，促进教师队伍整体素质提高。

3. 依托校外合作单位，遴选精通企业生产过程的行业专家、技术骨干和能工巧匠作为专业兼职教师，建立兼职教师资

源库。

二、实践教学能力保障建设

（一）建立健全实践教学质量监督管理机制

通过对实验、实习、竞赛、论文等进行项目化、精准化管理，依托学校、学部、专业三级队伍，采取专业评估、专项检查、专项听课等措施，开展定期教学质量考核，进行结果分析、反馈，建立与项目化管理运行新方式相配套的实践教学质量监督管理机制。

（二）做好教学质量考核

依托学校（教育教学质量督导与评估部门）、学部（教学指导委员会、教学督导委员会及学科专业建设委员会）、专业（教研室主任、骨干、专业教师）三个层级的队伍，学部定期召开各类教学座谈会、问卷调查、听课评课、教学质量考核等，对评估结果进行分析、反馈。

（三）落实各项规章制度

制定涵盖培养方案的一系列管理制度以及保障六大实践平台持续发展的运行管理机制（重点建设实验中心管理制度、实践教学运行制度、实践教学质量监控制度、实验教学质量标准和评价体系、实践教学专项检查评估机制、实践教学资料抽查机制等，实验室管理教师教育培训制度、实验室安全教育与控制制度等），强化实践教学和管理人员教学质量保障的主体意识。

（四）修订学生评价体系

制定毕业生知识、能力、素质需求标准，完善可测量可考核的课程目标、毕业要求、培养目标达成度评价体系，构建过程与结果相统一、反馈与督导相结合的多元化、多样化、多维度的考核评价机制。

（五）建立双导师制度

形成一个专业教学与素质教育紧密结合的有机系统，实现创新创业与专业教学的有机融合。实行过程与效果考核并重的原则，注重管理效果。建立导师制的激励机制，制定相应的制度和优惠政策，营造创新驱动的实践教学实施能力建设环境。

三、实践教学成效

本学部高度重视产教融合培养创新创业人才，把产教融合、协同育人理念贯穿人才培养全过程，实践教学取得较好成效。

（一）学生创新创业成果丰硕

近5年，本学部学生创新创业成果丰硕，先后获批国家级大学生创新创业项目47项、省级18项，"互联网+"省级金奖1项，省级以上学科竞赛三等奖以上89项，其中国家级学科竞赛奖2项，省级特等奖3项、一等奖16项，有效促进了学生应用创新能力的培养。近三年，学生获职业资格证书502人，其中专业技术人员 310 人，技能人员 192 人；获得专利 40 余项；发表科研论文 110 余项（第一作者）。考取研究生 226 名，毕业生就业率均超过 93%。根据第三方评价结果分析，用人单位对本学部毕业生各项职业素养的满意度比较高，其中团队合作能力、执行能力、自我管理能力、抗压能力、环境适应能力满意度均在 95% 以上。毕业生教学满意度评价均超过 96%。

（二）实践教学基地高质量建设

学部积极与实践基地开展合作交流，大力推进实践基地建设。2022 年，宜宾学院—四川省茶业集团股份有限公司农医科教合作人才培养基地成功获批四川省大学生校外实践教育基地；川茶学院获批四川省首批现代产业学院；与五粮液集团、四川省茶业集团股份有限公司等企业共建 40 余个学生实践教学基地，新增授牌产教融合示范基地、科技服务与成果转化示范基地、双师双能型教师培训基地劳动教育基地 30 余个。近 5 年，实习实训基地累计接受学生课程实习、实训、毕业实习、毕业论文、创新创业训练计划以及第二课堂等教学任务 24000 多人次。

（三）开展特色鲜明的实践教学课程

对标产业实践，建设校企合作"创新+拓展"优质课程。已建"中国白酒生产技术"等 3 门省级应用示范课程，"生物工程分析与检测""茶叶加工学"等 7 门省级一流课程，"生物产品创新开发"等 3 门省级创新创业示范教育课程，"天府龙芽茶叶生产技术虚拟仿真实验"省级虚拟仿真实验教学项目,"微生物工程工艺原理""制茶学"省级课程思政示范课程,全产业要素融入教育教学全过程,共育人才。在课程教学中,持续推进"引企入教",每学年有 500 人次学生在企业开展生产/毕业实习等实践教学课程,构建了课程教学与行业企业人才需求相结合、技能培养与就业能力及职业发展相结合的人才培养模式,促进了人才培养供给侧和产业需求侧结构要素全方位融合,满足地方和企业对人才的需求。

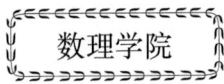

"一中心两主线三主体四阶段"实践教学体系的构建与实施

罗显康

摘　要：师范生实践教学的效果直接影响师范人才培养的质量。为进一步深化师范人才培养模式改革，强化师范生能力培养，数理学院积极探索师范生教育教学实践能力培养的新路径，构建了"一中心两主线三主体四阶段"校内外联动的全程实践教学体系，这对于高素质、专业化、创新型师范人才培养质量的提升具有重要现实意义和作用。

关键词：师范生；教学实践能力；实践教学体系

为深化教师教育改革，落实好《中共中央　国务院关于全面深化新时代教师队伍建设改革的意见》和《教育部关于加强师范生教育实践的意见》的精神，数理学院积极探索师范生教育教学实践能力培养的有效路径，着力构建"一中心两主线三主体四阶段"校内外联动的全程实践教学体系。

一、实践教学体系的构建原则

（一）落实学生中心

"学生中心"作为《普通高等学校师范类专业认证实施办法（暂行）》的三大理念之一，是师范类专业办学的核心目标。数理学院所构建的"一中心两主线三主体四阶段"校内外联动全程实践教学体系，就是从落实"学生中心"出发，将"师范生教学实践能力培养"作为该体系的"一中心"进行设计，在实践中有效践行"学生中心"理念。

（二）强调协同共育

该体系紧扣"师范生教学实践能力培养"这一中心任务，加强与地方教育行政部门、实践教学基地等多方协作，通过人才培养方案共同制定、实践课程体系共同设计、实践教师队伍共同建设、实践教学任务共同承担、实践训练共同指导、合作建设协同育人等措施，推动各方协同发力，共同培养师范生。

（三）突出全程实践

依据学校高素质应用人才培养的要求，数理学院从构建校内校外联动的四年一贯全程实践教学体系目标出发，指导数学与应用数学、物理学两个专业在制定人才培养方案时本着科学、系统和可操作原则，对"四阶段"实践教学课程安排从浅入深、由简到繁，循序渐进。教育观摩课安排在第2学期、教育见习课安排在第5或第6学期、教育实习课和教育研习课安排在第 7 学期。在全程的实践过程中，师范生将在观摩、见习中领会到的有关教学方面的实践技能技巧通过教育实习进行实践，并通过自我反思、小组研讨、导师点评等研习环节，将学到的教学技能技巧与自己的实践感悟相结合，最终形成个性化的实践教学经验。

（四）强化信息支撑

数理学院充分意识到信息技术对"师范生教学实践能力培养"的重要意义，在构建全程实践教学体系时将信息化作为重要元素进行建设。通过搭建师范生实践能力提升平台、教师教育大数据互联互通平台，融日常教学、技能实训、远程观摩、研修交流、大数据分析为一体，丰富师范生实践方式，满足远程教育观摩、教育见习、研讨互动的需要，实现与实践教学基地的互联互通、资源共建共享，有效支持学与教方式的变革与创新。

二、"一中心两主线三主体四阶段"校内外联动的全程实践教学体系

数理学院对已有的全程教育实践教学模式进行丰富发展，提出了"一中心两主线三主体四阶段"校内外联动的全程实践教学体系（图 1）。通过该体系的构建，协调地方教育行政部门、实践教学基地等各方力量，共同参与到"师范生教学实践能力培养"全过程中，培养师范生扎实的教学基本功和课堂教

学能力、反思评价能力、自主学习能力、专业教学实践创新能力和教育信息技术应用能力，实现对师范生教学实践能力的共同培育。

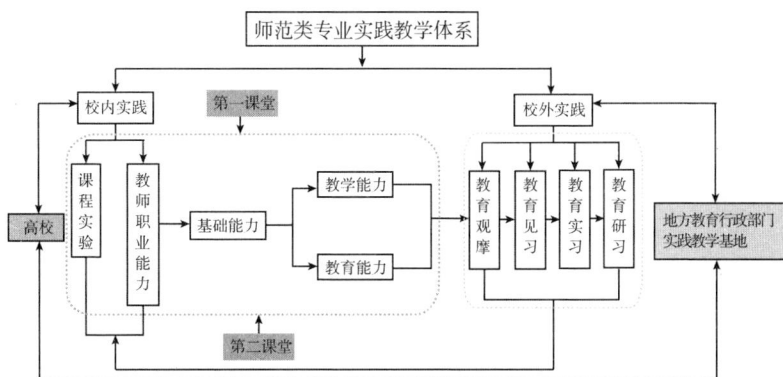

图 1　"一中心两主线三主体四阶段"校内外联动的全程实践教学体系

（一）"一中心"

"一中心"指以师范生教学实践能力培养为中心，贯穿师范生培养的全过程。

（二）"两主线"

"两主线"指校内教学实践训练和校外社会实践训练。校内教学实践训练主要侧重于教学基本功训练和教师技能训练。教学基本功训练主要包括三字一话、教师教学语言、教师上课仪表仪态、教案撰写、板书设计、教具模型制作、实验操作技能等。教学技能训练主要利用微格教学、微课教学，反复训练课堂导入的基本技巧、内容讲解和课堂提问技巧、课前复习和总结及试题处理的方法技巧，训练探究教学、情景教学、翻转课堂等新的教学方法，使师范生初步具有教师职业能力。教学实践训练是为接下来的教育实习做准备，因此从师范生入学就开始，按照人才培养方案的设计，渐次展开。学部制定了各项实践课程的考核目标和考核细则，对教学实践训练过程中开展的各门实践课程，分别进行认证考核，达到要求，即可参加教育实习。校外社会实践训练主要通过开展教育调查、实地教育观摩和见习、教育实习、三下乡等校外实践活动，强化职业认同，培养职业情感，增强对基础教育工作的适应性，培养从事基础教育的独立工作能力，发展提升专业核心素养。

（三）"三主体"

"三主体"指以师范院校、地方教育行政部门、实践教学基地为主体。

1. 以师范院校为主体。在"一中心两主线三主体四阶段"校内外联动的全程实践教学体系中，师范院校负责"两主线""四阶段"过程的组织，教师教育类课程和教学实践类课程的开设、训练与阶段考核评价，与其他两个主体的沟通协调等，确保全程实践教学活动得到有效落实。

2. 以地方教育行政部门为主体。地方教育行政部门在全程实践教学体系中发挥主体作用。一方面地方教育行政部门是选人用人的主体，掌握着选人用人的标准，通过与师范院校签订战略合作协议，参与人才培养方案和各实践环节标准的制定，将选人用人要求融合进师范类专业人才培养方案中，为师范院校培养社会需要的合格教师提供他们的教育智慧。另一方面可以从政策上、资源上支持属下的中小学校与师范院校开展培养师范生的友好合作。

3. 以实践教学基地为主体。实践教学基地作为校外主体参与制定人才培养方案、共建课程并承担部分实践教学任务、共建双导师队伍、共同落实“四阶段”、参与实践教学评价等，在师范生实践教学能力培养过程中发挥着不可替代的作用，是师范院校实施校外实践教学的主要载体。

（四）“四阶段”

“四阶段”指教育观摩、教育见习、教育实习、教育研习。

1. 教育观摩。教育观摩作为一门独立的教育实践课程，以大学第 2 学期为主，贯穿大学 4 年。学部根据人才培养方案要求提前做好实施计划，组织师范生就近到合作实践教学基地，对课堂教学技能技巧、教育信息技术以及相关的教育教学问题开展观摩学习，也可以采取远程观摩的形式进行。师范生通过进学校、进课堂，开展观摩、交流，了解基础教育，初步形成教师职业意识。

2. 教育见习。教育见习是教育观摩和教育实习的中间环节，承上启下，既是对教育观摩获得认知的实践检验，也是为教育实习积累实践经验。人才培养方案规定大学第 5 或第 6 学期，安排 1 周教育见习时间。教育见习可以采取“走出去”“请进来”的方式进行。一方面，师范生到合作实践教学基地进一步实地观摩一线教师教学过程中的相关行为，如观摩课堂行为（包括课堂教学行为、课堂辅导行为、课堂管理行为）、观摩教师教案编写、见习班主任工作、参与课后答疑与作业批改、听教师相互评课、与教师座谈等；深入学生群体，了解学生学习及心理状况。另一方面，邀请合作实践教学基地中的教学名师、高级教师为师范生上示范课、作报告、研讨交流，使师范生在掌握课堂教学的一般程序、过程和教学基本方法的同时，了解基础教育改革中课堂教学的新模式和新方法，了解基础教育发展现状和趋势，进一步加深职业情感，明晰职业责任。

3. 教育实习。教育实习是师范生培养的重要实践活动，是教师职前训练的必要环节，是对师范生教学基本功训练和教师技能训练成效的一次综合检验。人才培养方案规定教育实习时长为1学期，一般安排在第7学期。教育实习的主要任务包括师德养成实习、课堂教学实习、班主任管理实习和教育科研实习等。实习前，学部将集中组织对学生的教学基本功和教师技能的考核，未达到要求的学生推迟实习，直到考核通过方可参加实习。通过教育实习，让学生更好地了解基础教育实际情况，了解教师专业发展要求，在"双导师"的指导下主动参与课堂教学、班级管理和教研活动，将教育理论与教育实践相结合，提升自己的教学水平、班级建设与管理能力以及开展教学研究的能力，为将来从事教育工作打下坚实基础。

4. 教育研习。教育研习是教育实习工作的延续，是指师范生在教师指导下，运用所学的教育教学理论对教育实习工作中出现的有关问题等进行分析、探讨和研究，以提高反思能力和研究能力而开展的一系列有计划、有组织的教育科学研究活动，本质是一种以实践为基础、以研究为主要特点的学习活动，其价值在于促进师范生专业的发展。教育研习重在对师范生教育教学实践过程的反思与研究，并结合学科教育教学的新理念、新思想、新方法、新技术以及新课程的实施要求，通过实践经验交流、教学设计研讨、课堂观察评议、主题班会研讨和教育科研报告研讨等多种途径，对师范生实践过程中的教育教学行为加以分析、探究与评价，以达到经验交流与反思、合作分析与探讨、及时总结与提升的目的。人才培养方案将其安排在大学第7学期。实习结束返校后，学院组织师生对整个教育实习进行全面回顾、总结和反思，探讨实习过程中反映出来的共性问题以及师范生暴露出来的个性问题，寻求解决问题的有效途径，通过内化，不断完善自我教学方式方法，提高执教水平。

产教融合背景下"双循环"
实践教学体系的构建

徐洲　余健　真宇莎

　　摘　要：产教融合的实质是产业和教育形成一体化互动关系，是校企合作的高级阶段。本文以机械与电气工程学院新工科建设过程中产教融合实践为例，提出校企协同育人机制和校内校外"双循环"的实践教学体系，以四大"共建"为抓手进行了应用型本科院校产教融合实践，构筑校企深度融合的平台，助力产教融合机制创新落地。

　　关键词：产教融合；实践教学体系；校企共建

　　为贯彻落实习近平总书记来川来宜来校视察重要指示精神，推动学校实践教学体系建设，提升高素质应用人才培养质量，机械与电气工程学院围绕建设高水平应用型大学的办学目标，认真落实高质量发展的根本要求，坚持以内涵提升和创新引领为核心，积极推进产教融合工作，探索形成了政府主导、学校主体、产业参与、校地互动的"产教融合模式"。以培养具有国际视野的高素质应用人才为目标，以四大"共建"为抓手，形成"共商培养方案、共建教学团队、共搭实践平台、共评培养质量"的"双循环"实践教学体系。

一、"双循环"实践教学体系的建设目标

学院结合自身实际，抢抓宜宾建设生态优先绿色低碳发展先行区的发展机遇，充分发挥资源优势和区位优势，围绕培养高素质应用型人才培养目标，以服务企业、提升技能、促进就业为宗旨，开展全方位、深层次、多形式的校企合作，满足学生实践能力培养的需求，提升高校学生的创新精神、实践能力、社会责任感和就业能力，最终形成产教融合、校企合作、共同发展、互利双赢的人才培养模式。构建"双循环"实践教学体系，实现校内外优势互补，解决传统实践教学中教学模式僵化、教学方法单一、资源有限以及赋能不足等问题，实现资源共享、优势互补和共谋发展，为国际化、应用型、创新型人才培养蓄势赋能。

二、"双循环"实践教学体系的构建思路

（一）共商培养方案，植入行业课程

以社会需求为导向，构建国际化应用型人才培养体系。依托中美产教融合平台，聘请国内外专家入校进行专业人才社会

需求调研，确立"创新、应用和国际化"作为人才培养的核心要素，紧扣四川省"5+1"现代产业体系、宜宾市"8+2"产业结构调整，明确人才培养定位、机制和模式。专业设置对接区域产业，以服务区域经济战略为导向，制定了应用型人才培养方案，加大实践教学学时、学分比重，确保理工类本科专业实践学分不少于总学分的30%。如图1，学院在人才培养方案中科学合理设置实践教学模式和环节，从专业分项技能/核心能力和专业综合能力/职业素养两个维度出发，分四个阶段完成生产实习、专业实习、毕业实习以及毕业设计（论文）。在大四学期，安排毕业实习和毕业论文（设计）工作，要求各专业设置不少于八周的毕业实习工作，培养学生职业素养和实际工作能力。

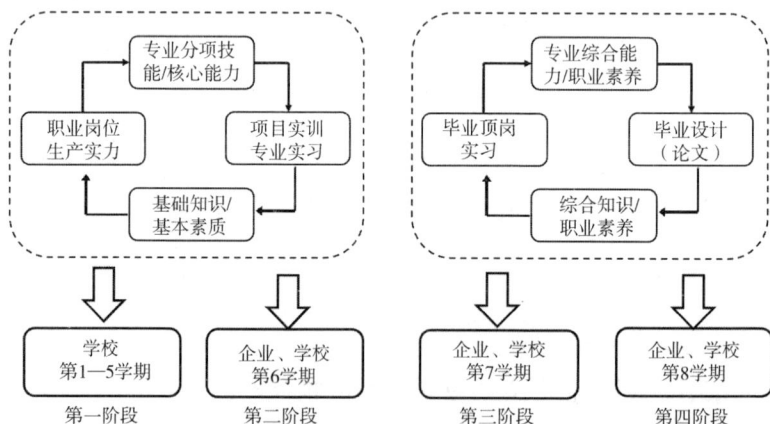

图1　实践教学的模式和环节设置

（二）共建教学团队，深化双方合作

近年来，我部不断深化实习实训教学工作，提升实习实训基地建设质量，壮大实践教学师资队伍。依托校外实践教学基地和产教融合基地，由学校教师和企业工程师组成联合教学团队，共同制定学生培养方案，完成理论课程教学、实践实训、毕业论文指导等全部教学任务。其中，学校教师重点负责理论教学，企业工程师重点负责实践教学。

教学过程中教师可聘请企业的资深技术人员、工程师和博士进入课堂，强化学生对理论知识的理解。另外，我部的任课教师中有一批是从企业到高校的教师（图2），他们有比较丰富的实践经验，能够把自己的实践体会应用到教学中；学院还积极选派教师定期到企业锻炼，去高校交流学习，培养双师双能型教师。学院各个专业均申报了十余门校企共建课程，通过校企共建，实现人员、技术、设备和场地等资源共享，为学生巩固理论知识、练就实践能力、提高职业素质提供了保证。

（三）共搭实践平台，整合优质资源

依托校内学科资源，学院进一步整合地方政府、科研机构、企业、协会等优质社会资源，建设校企深度融合的特色实验课程、实习基地、创新项目、学科竞赛等。为更好地服务地方，助力地方经济发展，着力解决教育供给侧之间的矛盾，建立校企协同育人机制，学院结合各专业特点全面调研企业情况，坚持挑选业内先进、管理规范、有发展前景的企业作为合

陈红旭
宜宾丰川动力科技有限公司
总经理

王立军
宜宾丰川动力科技有限公司
软件设计总监

隋立起
宜宾丰川动力科技有限公司
机械设计总监

田丰
宜宾丰川动力科技有限公司
硬件设计总监

吴文松
宜宾丰川动力科技有限公司
研发经理

樊刚
宜宾丰川动力科技有限公司
行政总监

图 2 部分企业导师资源

作伙伴，经严格的实习实训企业资格考察论证后与企业签订正式的合作协议。学院共建设校外实习基地 29 个（表 1），每年可接纳学生 1400 余人，全面保障了我部实习教学工作需要。

表 1　校外实践基地

序号	基地名称	服务专业	每次可接纳学生数（人）
1	宜宾市环境监测站	环境工程	20
2	宜宾市华洁环保工程有限公司	环境工程	20
3	宜宾市南溪区四通水务投资有限公司	环境工程	20
4	宜宾市南溪区联创水务投资有限公司	环境工程	20

序号	基地名称	服务专业	每次可接纳学生数（人）
5	宜宾纸业股份有限公司	环境工程	20
6	海诺尔（宜宾）环保发电有限公司	环境工程	20
7	宜宾北控水务有限公司	环境工程	20
8	海天水务杨湾污水处理厂	环境工程	20
9	四川中铭检测服务有限公司	环境工程	100
10	叙州区生态环境局	环境工程	15
11	叙州区住房和城乡建设局	环境工程/工程管理	15
12	宜宾泰和建设管理有限公司	工程管理	25
13	宜宾建工路桥建设有限公司	工程管理	30
14	宜宾重庆商会	工程管理	50
15	宜宾市城市和交通工程建设集团有限公司	工程管理	20
16	四川翼空智控科技有限公司	建筑电气与智能化	100
17	依元素电子科技（南京）有限公司基地	汽车服务工程/建筑电气与智能化	50
18	四川国祥科技有限公司基地	汽车服务工程/建筑电气与智能化	50
19	成都精沛科技有限公司基地	汽车服务工程/建筑电气与智能化	50
20	宜宾壹星科技有限公司基地	汽车服务工程/建筑电气与智能化/工业工程	50
21	四川新能源汽车创新中心有限公司	汽车服务工程/工业工程	60
22	四川德恩精工科技股份有限公司	汽车服务工程/工业工程	30

续表

序号	基地名称	服务专业	每次可接纳学生数（人）
23	宜宾丰川动力有限公司	汽车服务工程/工业工程	500
24	苏州紫翔电子科技有限公司	汽车服务工程	10
25	四川汽车产业协会	汽车服务工程	20
26	中国汽车工程研究院股份有限公司	汽车服务工程	10
27	蜂巢动力系统（江苏）有限公司	汽车服务工程	40
28	野马汽车股份有限公司	汽车服务工程	10
29	长城汽车股份有限公司泰州分公司	汽车服务工程	30
合计	1425 人		

（四）共评培养质量，满意度提升

为高质量保证培养目标的达成度、社会需求的适应度、教学资源的保障度、培养过程的有效度、学生和用人单位的满意度，学院将质量评价贯穿实践育人的全过程，从课程实验、创新训练、学科竞赛、实习实训、毕业论文（设计）等多个方面建立评价体系，采取"企业、学校、学生"共同参与的实践教学管理与运行机制（图3）。将企业先进的管理方式运用到教学管理中，对学生实施"准企业管理"，把行业标准导入教学内容，技能鉴定纳入教学计划，职业资格证书获取列入考核，顶岗实习与就业紧密联系。结合内部评价和外部评价构建了资源共享、优势互补、产学结合、校企双赢的"共享共赢"的实践教学管理与评价体系，从而保证评价的有效性。

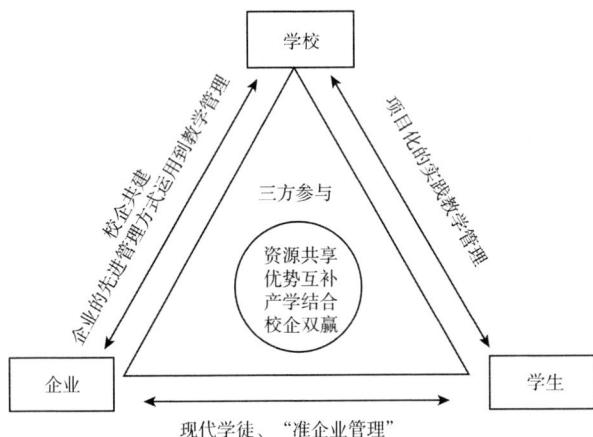

图 3　实践教学管理与评价体系

三、双循环实践教学体系的实施案例

(一) 案例介绍

1. 宜宾丰川动力科技有限公司

宜宾学院机械与电气工程学院与宜宾丰川动力科技有限公司合作,以服务为宗旨,以就业为导向,大力推进校企合作人才的培养模式,突出实践能力的培养,有效搭建校企合作平台,推进优势互补、共同发展的合作机制。在人才培养方面,结合公司对人才的需求,结合学校丰富的专业和充足的人力资源,校企之间开展全方位、深层次、多形式的人才培养合作。通过校企合作达到为企业、行业定向培养专业技术人才和岗位管理人才的目的。聘请宜宾丰川动力有限公司的工程师和博士担任实践课程教师,2021 年、2022 年和 2023 年上学期分别完成嵌入式实践教学256学时，培养250余名中德工程学院本科生（图4）。

(a) 企业导师为学生授课　　　　　　(b) 联合授课结课仪式

(c) 学生结课证书　　(d) 宜宾学院&丰川动力嵌入式控制系统开发联合实验室

图4　丰川动力科技有限公司开展实践育人教学

2. 四川新能源汽车研究中心（欧阳明高院士工作站）

学院在四川新能源汽车创新中心有限公司（欧阳明高院士工作站）建立的实践教学基地，采用人员、设备全方位共享互通的合作模式培养应用型人才，为汽车服务工程、工业工程、建筑电气与智能化专业的学生提供理论、实践课程方面的指导，组织开展专题学术、技术报告等，让学生"接触专业、认识社会"，增强学生的创新精神和实践能力，有力促进校企融合共生，开创互利共赢、携手发展的校企合作新局面（图5）。

（a）授牌仪式　　　　　　　　　（b）学生在公司开展实验研究

（c）企业导师进行实践教学　　　（d）学生在企业进行毕业论文预答辩

图5　四川新能源汽车研究中心（欧阳明高院士工作站）开展实践育人教学

（二）实施成果

第一，培养了一批理论功底扎实、实践能力强的应用型创新人才。相较于常规教学模式，基于"校企资源共享互通模式"培养的学生综合能力有明显的提升。参与该模式培养的学生有多人在国内重要赛事中获奖。如获得第十七届全国大学生智能汽车竞赛西部赛区国家级二等奖、省部级三等奖，2022年全国大学生标准化奥林匹克竞赛国家级三等奖及优秀奖，2022年四川省大学生环保科普创意大赛省部级二、三等奖等。

第二，扩展了学生就业渠道。2022 年汽车服务工程专业第一届本科学生，通过校内校外"双循环"的培养模式，将企业定向所需人才培养前置，第 6 学期以企业为主体选拔推送了 8 名学生到清华大学交流学习半年，返宜后在企业实习实训半年，并在企业完成毕业设计和毕业论文，最终 8 名学生全部留在公司就业，实现了"实习就业一体化"，切实形成了"校企人才共培育"的良好开端，在 2022 年 9 月持续发展了第二批。

第三，促进"双师双能型"教师队伍建设。学院 2022 年、2023 年选派工程管理、环境管理、建筑电气与智能化专业教师谢晓永、顾秋香、赵宇莎、胡依林等多位教师到同济大学交流学习。此外，学院定期选派教师到企业和机关单位挂职锻炼。如选派环境工程专业谢琰博士到宜宾市政府办公室挂职锻炼；周川去宜宾市三江新区开展为期半年的企业锻炼；胡依林被选派到四川省人社厅锻炼；曾韵敏博士被派遣到四川同益环境科技集团任科技副总经理。通过派遣优秀专业教师到政府和企业进行顶岗锻炼，不仅提升了学院专业教师的实践能力，而且能了解行业最新发展动态，以及企业各个岗位的人才需求，进一步深化了校企合作的创新策略，促进学院"双师双能型"教师培养，逐步形成一支懂理论、能实践的教师队伍。

四、实践教学面临的主要问题和总结

（一）主要问题

学院原开设环境工程、工程管理、汽车服务工程、建筑电气与智能化以及工业工程五个专业，在产教融合和实践育人方面进行了多方面、多维度、深层次、全过程的探索，积累了一定的经验与成果，为校内校外"双循环"实践教学体系的进一步发展奠定了基础。但在整个实践教学过程中依然存在一些问题，主要体现在以下几个方面。

图6　实践教学主要问题

1. 实践教学师资队伍需要加强建设

学院教师队伍结构需要进一步优化，教师专业理论知识和学术功底扎实，能满足理论教学中人才培养的质量要求和保障。但是，大部分教师缺乏企业任职的经历，实践教学指导能力有待加强。另外，汽车服务工程、建筑电气与智能化专业以及工业工程师资紧缺，部分实践课程需要聘请外校教师进行授课。因此，加强学院实践教学师资队伍建设，促进教师实践实训指导能力是发展"双循环"实践教学体系的必然要求。

2. 实践教学保障条件不够完善

专业人才的培养以及学院高质量发展的关键在于提高师生的实践应用能力，这需要学院配备完善的专业实践设备、设施。目前，环境工程、工程管理专业实验室现有实践条件不足，主要有实验室场地有限、设备台套数不足、设备老化、多门实践课共用同一个实验室的问题，实验教学资源需要进一步开发。

3. 工科集中实习难，企业与学校联合培养学生承担的成本较高

首先，目前能够接待工科专业实习的企业主要是国有大中型企业。其次，现有实习基地受市场经济因素的制约和企业自身发展的影响，规模不断萎缩，接待能力持续降低，企业难以在短时间内接待众多高校和众多学生开展实习。再次，实习基地承担接待众多高校和众多学生实习的成本较高，企业对此投入严重不足。因此，导致了学院各种实习以分散实习为主，集中实习占比较小，实践教学管理难度增加，很难实现与分散企业之间的"双循环"。

（二）总结

近年来，我院积极推动产教融合，深化校企合作，形成了校内校外双循环的实践育人教学体系，实践教学工作取得了一

些成绩，但与我们设定的发展目标相比仍存在一定的差距。下一步，学院将完善和调整人才培养定位，从"为企业育人"转成"为产业育人"；提升校企共建的积极性，降低企业人才实践培养的成本、风险；与企业情感共生、利益共享，形成完整的价值链条，从而实现共赢。多措并举，不断提升实习实训教学质量和扩展实习实训基地建设范围，多渠道、多形式地开展实习实训教学，积极探索实习实训基地新的合作模式，为我校培养高质量应用型人才提供坚实保障。

"12345"校内校外"双循环"实践教学体系探索与实践

——以英语专业为例

赵亚玲

摘 要：宜宾学院外国语学院英语专业探索"12345"校内校外"双循环"实践教学体系。专业打造"UGS 三位一体"协同育人模式，打通校内实践循环与校外实践循环联动协同，通过实践指导平台、创新平台、科研平台，实施"基础技能、综合应用、创新实践、就业实践"四层级实践能力培养课程体系，实施"目标管理、组织管理、过程管理、质量保障、评价反馈"五层管理体系，最终实现实践教学育人、学科研究育人、课程思政育人、"UGS"协同育人和就业引领育人。

关键词：双循环；实践教学体系；英语专业

一、实践教学体系搭建背景

2022 年 6 月 8 日，习近平总书记来到宜宾学院考察调研，察看毕业生创新创业代表作品展示，了解学校开展就业创业指导服务工作，鼓励同学们热爱劳动，在实践中一步步成长。

教育部有关"实践育人"的文件精神强调：以学生为中心，产出为导向，就应强化实践育人环节，加强创新创业教育和就业指导服务，推进协同创新，增强高校社会服务能力。

宜宾学院是四川省应用型转型发展试点高校之一，作为区域人才培养的重要基地，学校尤其重视培养学生应用、实践、创新等能力。学校在《聚力产教深度融合专项行动，增强社会服务能力》中提出：要探索政府主导、行业指导、企业参与、高校协同的校企合作办学新模式，搭建行业、商会、企业、学校等共同参与的资源互通平台和继续教育平台；建设产教融合实训基地，探索推进产教融合新路径。

外国语学院英语专业是一个实践性很强的专业，构建科学的实践教学体系，培养学生的专业综合应用技能，提高其就业竞争力，具有重要的现实意义。然而目前专业实践教学目标不清晰，实践教学内容零散，实践活动开展缺乏整体设计，教师实践教学指导能力不足，课程实践教学与校内外的实训活动没有紧密合作、形成联动，协同育人平台作用不明显。因此，建设"12345"校内校外"双循环"实践教学体系是贯彻落实教育部实践育人的文件精神，是地方高校培养应用型人才的需要，是实现专业培养目标的要求。

二、"12345"校内校外"双循环"实践教学体系框架

在学校总体的框架下，学院搭建了"12345"校内校外"双循环"实践教学体系，以英语专业为例，该体系以学生为中心，打造一个模式，即"UGS三位一体"协同育人模式；打通两条循环，即校内实践循环与校外实践循环联动协同；通过三个平台，即实践指导平台、创新平台、科研平台；实施"基础技能、综合应用、创新实践、就业实践"四层级实践能力培养课程体系；实施"目标管理、组织管理、过程管理、质量保障、评价反馈"五层管理体系；最终实现五个育人，即实践教学育人、学科研究育人、课程思政育人、"UGS"协同育人和就业引领育人（见图1）。

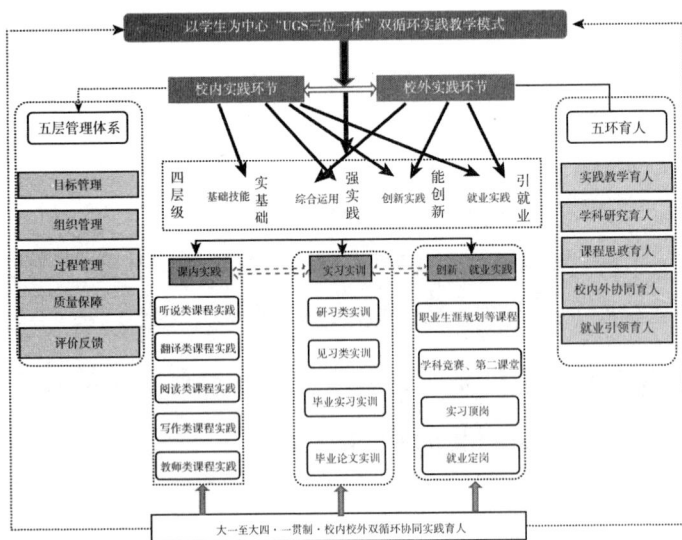

图1　"12345"校内校外"双循环"实践教学体系

三、"12345"校内校外"双循环"实践教学体系建设

(一)构建了"UGS 三位一体"协同育人机制

以英语专业为例,宜宾学院与宜宾市教体局签订《宜宾学院宜宾市教育和体育局共建教师教育学院协议》,双方每年投入 400 万构建"UGS"(高校—地方行政部门—中学)教师教育实践共同体,实施"组织共建、思路共谋、人才共育、项目共研、资源共享"的"UGS 三位一体"协同培养模式,扎实推进"双导师制""双挂""双聘"工作,强化基地建设。学院制定了校地合作"UGS 三位一体"协同育人机制,与中学共建职前、职后一体化育人平台,统筹教师培养、教学改革和教师发展,全面开展人才培养合作,共同开展教学研究、教师培训,服务基础教育,并定期评估成效、持续改进,具体模式见图 2。

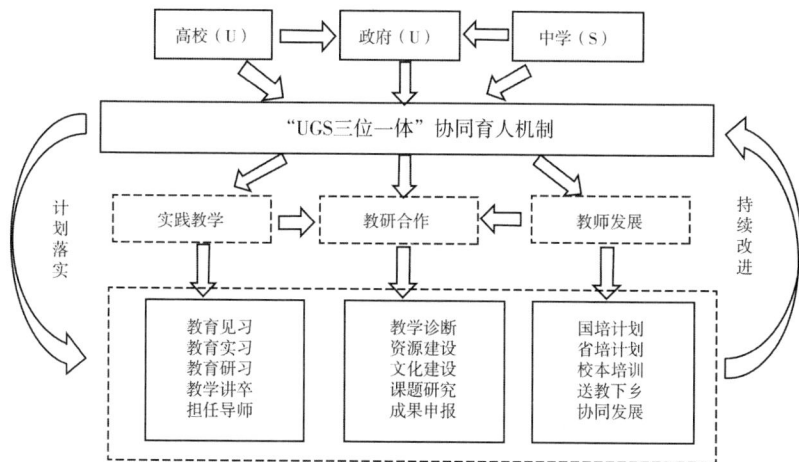

图 2 英语专业"UGS 三位一体"协同育人机制

（二）建立校内校外循环教师教育合作共同体

学院与一线学校搭建起教学、培训、研究和服务一体化共同体，实现共赢发展。近3年来，与宜宾市第一中学校、宜宾市第二中学校、宜宾市第三中学校、四川省泸州外国语学校等25所中学合作共建教育实践基地，聘请经验丰富的优秀教师担任本学院学生的实践教学导师，打造学生过硬的专业能力，提升就业竞争力。聘请宜宾市三中邹承德、周圣川，四中何秀君，六中叶华方等9名中学一线教师作为专业兼职教师，讲授"班级管理与团队工作""英语教学案例分析""试讲与微格实训""课堂教学方法设计""课程标准与教材研读""教师职业素养与教学管理"等课程，开展学术讲座，参与指导学生的师范技能训练、学科竞赛和学业规划，参与学生"三习"指导。选派高伟、王璐、李丽娟等9名专业骨干教师赴宜宾市三中、四中一线实践锻炼，参加中学教学、教研活动，指导中学教师进行教学研究。2020年秋选派邓坤赴甘洛县教育体育和科学技术局挂职，指导管理赴甘洛县顶岗支教的107名学生。学院每年邀请本地区教育行政部门管理人员、中学一线教师参与培养方案制定、学生教学技能指导、"三习"指导等工作，如召开"新时代背景下'三位一体'协同育人——中学英语教学"研讨会，与宜宾市教育科学研究所，泸州纳溪区教育科学研究中心及部分宜宾、泸州的初高中与职业技术学校校领导、年级主任、教研组长、骨干教师开展协同育人计划，并充分利用"国培计划"等培训项目，为地方教育局、新入职教师和骨干教师提升教育教学教研能力服务，形成了高校教师与中学教师一体化合作共同体。

（三）建设实践指导平台、创新平台、科研平台

学院通过实践指导平台、创新平台、科研平台与校外企业、基础教育一线共同建设，助推人才培养质量提高。以英语专业为例，近 3 年来，学院教师和中学一线教师共同指导 533 名师范生进行教育见习、毕业实习，完成教育调查研究，教育实践类和教育调查研究类论文约占毕业论文题目总数的 65%。中学一线教师参与指导了全国师范生微课大赛、四川省师范生教学能力大赛、四川省师范生三笔字书写能力竞赛、四川省"互联网+"大学生创新创业大赛、单词达人词汇比赛等师范类比赛，促进了获奖的数量和质量的提升。2019—2023 年，大学生参与学科竞赛等获奖或立项成果丰硕，以国家级、省级竞赛/项目来看，在专业能力（全国大学生英语竞赛、全国大学生英语词汇能力大赛、四川省大学生英语挑战赛等）、教学能力（如全国微课大赛、四川省师范生教学能力大赛等）、创新能力（大学生创新创业训练计划）方面分别获得 231 项、10 项、26 项奖励/立项。2018 级学生教师资格证考试通过率占比为 95.34%。

（四）展开四层级课程实践体系

学院实施"基础技能、综合应用、创新实践、就业实践"

四层级递进的实践能力培养课程体系，实践教学体系完整，实施成效显著。以英语专业为例，构成基础技能和教育实践有机结合，创新实践、就业实践有效融通的实践教学体系（图3），体系贯通"三习"，涵盖师德体验、教学实践、班级管理实践和教研实践等，实现课内课外、线上线下、第一第二课堂、校内校外"四结合"，推进师范生技能训练。

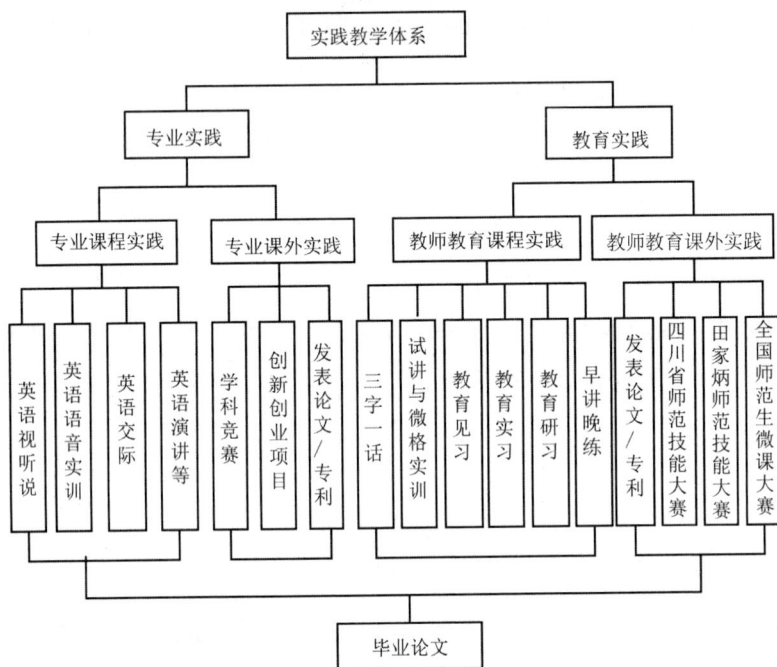

图3　课程实践教学体系

（五）完善实践教学五层管理制度

学院成立了实践教学教研室，实施五层管理，首先人才培养方案确定实践的培养目标和毕业要求，通过培养目标达成度、毕业要求达成度对实践教学进行目标管理。实践教学教研室作为管理机构，对实践的培养目标、实践环节、实践过程、实践效果以及实践质量实施严格的全过程监控，确保实践环节完整，开展落实专业实践、见习实习动员、派遣、中期检查、总结和成绩评定等工作。最后是建设实践教学各阶段质量监控机制（见表1），保障学生有效完成教育实践任务。

表1　实践教学主要阶段质量监控机制

实践教学类型		质量控制机制	负责人	形成结果	
专业实践	英语视听说、英语语音实训、英语交际、英语演讲等课程	教师根据相关教学大纲实施相应的具体教学内容，并进行质量评价与考核	课程教师	1. 学生通过不同的课程形成不同的专业能力 2. 课程考核成绩	
教育实践	见习	1. 见习领导校情介绍、相关教师教学工作和班主任工作经验介绍，学生提升认识 2. 学生观摩指导教师的课堂教学，了解学生的情况，进一步钻研教材，写出完整的教案并进行预讲 3. 学生观摩指导教师的班主任工作活动 4. 指导教师根据相关教学大纲实施相应的具体教学内容和进行质量评价与考核	中学分管领导、中学实践导师、校内指导教师	1. 提高学生动手能力，观察能力，发现、分析与解决问题的能力 2. 完成见习报告	

续表

实践教学类型		质量控制机制	负责人	形成结果
教育实践	实习	1. 课堂试教：实习生上课前，写出详细的教案，经原任课教师审核后上课。实习生上课时原任课教师随班听课，下课实习生主动请教原任课教师，虚心接受指导。实习后期由实习学校统一安排每个实习生上一次汇报课，并对他们试教的课召开评议会。试教的评议会由实习学校主持。通过评议会，培养实习生观摩和分析课堂教学的能力。在实习生汇报课的基础上，各毕业实习点至少要组织一节公开课	中学分管领导、中学实践导师、校内指导教师	1. 完成教学和班主任工作观摩，完成教学和班级管理实践和教研实践 毕业论文
		2. 班主任工作：实习生按照原班主任批准的计划进行工作，每次组织班级活动时，事先将计划交原班主任审阅同意后实施。工作中要做好记录，并随时向原班主任汇报请教 3. 教育调查：实习生选择适当的调研题目，在指导教师的指导下，及时开展调研工作，并完成调研报告的撰写	中学分管领导、中学实践导师、校内指导教师	2. 完成毕业实习报告 毕业论文
	研习	学生就师德观察与反思、教学设计研讨、课堂教学观察评议、班主任工作观察与反思、教育调查报告、教育教学实践经验交流等方面进行小组合作学习，指导教师就以上方面对学生的研习报告进行考核评价	校内指导教师	完成研习报告 毕业论文

　　通过实践教学质量监控，学院获得监控具体数据，用以评价实践教学质量和提出针对性改进办法。如学校根据学生教师

资格证过关考核的相关数据及学生对实践教学的评价反馈情况，对实践课程的时间、内容等进行调整和改进，以更好地满足学生的发展需求。教育研习以前贯穿在各见习实习反思中，没有形成单独的课程，现已单独开设，保证了教育实践的质量。学院汇总实践教学、带队教师实习总结和学生教育实践小结，结合实践教学、见习、实习、研习等相关管理制度文件，及时总结评估、梳理问题并给出改进措施，以实现持续改进。

四、实践教学体系实施成效显著

"12345"校内校外"双循环"实践教学体系在人才共育、项目共研、服务教育、扶贫顶岗支教等方面成效显著。以英语专业为例，近3年来，学院教师和中学一线教师共同指导533名师范生进行教育见习、毕业实习，完成教育调查研究，英语教育实践类和教育调查研究类论文约占毕业论文题目总数的65%。学院积极参与教育扶贫顶岗支教，连续4年为凉山州甘洛县派出79名顶岗支教学生，也为雷波、马边等四川省民族贫困地区选派支教学生，缓解了民族贫困地区的英语师资匮乏问题，支持了民族贫困地区的英语教学工作。同时，师范生扎根西部，在边远民族地区就业，增强了服务乡村和民族地区的教育情怀。

中学一线教师参与指导全国师范生微课大赛、四川省师范生教学能力大赛、四川省师范生三笔字书写能力竞赛、四川省

"互联网+"大学生创新创业大赛、单词达人词汇比赛等师范类比赛，取得了获奖数量和质量的提升。"三位一体"协同培养机制提升了学院和中学教师的教学水平和教研科研能力。高校教师指导中学教师教研科研并共同申报课题，近3年英语专业教师参与中学教研活动20余次，共同成功申报教改项目6项。

实践教学体系在整合有效实践教学资源、确保学生全面发展、提升学生创新创业能力等方面取得了显著实施成效。2019—2023年，大学生参与学科竞赛等获奖或立项成果丰硕。以国家级、省级竞赛/项目来看，专业竞赛中，许丹宁、罗玉蛟等在全国大学生英语词汇能力大赛中分别取得了全国一等奖、二等奖，张竹清、李思维等在四川省大学生英语挑战赛演讲比赛中分别获二、三等奖等好成绩；教学竞赛中，柴有利等在全国师范生微课大赛中获得了全国一等奖，王垣郦等在首届全国微课大赛中获得了一等奖等，学生们的教学功底扎实；创新创业项目申报中，李美龙、黎家惠等获得大学生创新创业项目国家级立项等，学生们的创新能力强。

据不完全统计，近5年，我院学生在全国大学生英语竞赛、全国大学生英语词汇能力大赛、四川省大学生英语挑战赛等专业竞赛中获国家级、省级奖项200多项；在全国微课大赛、四川省师范生教学能力大赛等教学比赛中获国家级、省级奖项10余项；在大学生创新创业训练计划等创新项目申报中获省级及以上项目立项 34 项，孵化公司（个体）如宜宾市西南风教育咨询有限责任公司、宜宾创业帮创业咨询服务有限责任公司、宜宾华拓科研科技有限公司等 9 家，发表教育培训、翻译等方向论文 30 余篇、申请学生专利 10 余件、申请软件著作权 8 件。2018 级学生教师资格证考试通过率为 95.34%。

多元价值共创视域下旅游管理专业
四链双循环实践教学模式探索与实践

李斌　代俐　钟玉锋

摘　要：未来旅游高等教育的方向指明旅游管理专业需要准确掌握地方经济社会的发展，及时调整学科方向、培养目标、课程体系与内容，以便更好地服务于地方经济社会。四链双循环实践教学模式为旅游管理专业创新人才培养提供新路径和方法，该系统将知识教学链条、人才培养链条、实践教学产业链和"创新创业"链条等环节融合到一个链条上，突出不同实验环节和理论知识的有机融合，发挥教师的指导作用，在多元价值共创理念指引下，形成了旅游管理人才在学校、校外层次的教育产业链、人才培养链、产业链、创新链条方面的实现途径。

关键词：实践教学；双循环；旅游管理专业；教学模式

随着国内国际双循环相互促进的新发展格局的深入，旅游管理专业需要源源不断的理论知识雄厚、行业技能高超的高素质职业人才助力产业升级。立足经济社会发展要求、基于学校办学实际与学科性质特点，服务学生职业生涯发展的人才培养模式，是未来旅游高等教育的方向。作为应用型本科院校，该专业主要立足于区域经济，充分考虑地方经济社会对服务行业管理人才的要求，准确掌握地方经济社会的发展，及时调整学科架构、培养目标、课程体系与内容，以更好地服务于地方经济社会。在学校总体定位指导下，旅游管理专业教育以社会旅游市场的需求为前提，以就业为导向，遵从实践性、职业性的学科性质，积极调整人才培养方案。在教学过程中有意识地对接学生的职业生涯，融入区域经济的人才链构建体系中，建立一套对旅游人才培养富有针对性与创新性的、集理论和实际能力于一身的培养模式。

为贯彻落实习近平总书记来川来宜来校视察重要指示精神，推动旅游管理专业实践教学体系建设，提升高素质应用人才培养质量，加强优质教育资源的聚集和利用，经管学院在多元价值共创模式的引领下，分析了旅游管理专业人才培养模式中的教育链条、人才培养链条、创新链条和产业链条，并从学校层次和校内外视角构建了"双循环"的教育系统，探索"四链双循环"旅游管理人才培养模式。

一、多元价值共创理念

价值共创原则原指商品的制造商与用户一起提供价值，价值共创理论的基础就是"生产服务主导"。对人才培养而言，多元价值共创把高校、企业、人员、行业、教学与创业有机融合在一起，从而达到协作共赢，共同促进了旅游管理人员的现代化培养。其中，以旅游服务管理人才培养为核心基础，以学校与校外层次的双向人才培养为基石，通过与人才培养链、产业链、创新链和教学链的有机连接，做到以旅游服务管理人才为核心的互动活动开展和价值理念衔接：在实践教学过程中具体表现为构建校企共建课程，在课程教学大纲设计时即邀请企业参与讨论与设计，充分吸纳企业在经营生产中的第一案例；其次把教学场所延伸到企业经营生产现场，如"酒店管理""智慧旅游""会展旅游"在课程设置中都有参观见习环节，在企业现场进行沉浸式教学更有助于实现旅游管理人才培养目标二，如更加了解旅游管理学科的理论前沿与发展动向，掌握旅游公司内部管理的基本方向、政策与规范及其旅游的国际惯例，为培养国际化旅游业人才打好基础等。

二、"四链双循环"实践教学模式

"四链"即教育链、人才链、产业链和创新链。旅游管理专业实践教学模式通过这四大链条的共同作用来实现专业人才培养目标。教育环节链注重解决人才针对性培养的问题，重视基础理论教学与创新能力的培育；多能人才培养链注重解决培育复合型人才的问题，强调人才的多种能力培育；产业实践链注重解决怎样实现产教融合和行业参与的问题，重视行业—教育—人才三方的有机衔接；创新创业链注重解决创造创意才能培育的问题，强调各类比赛和实际项目的培育；"四链双循环"模式侧重从校内与校外角度共同组成旅游人才培养的循环，具体方法如图1所示。

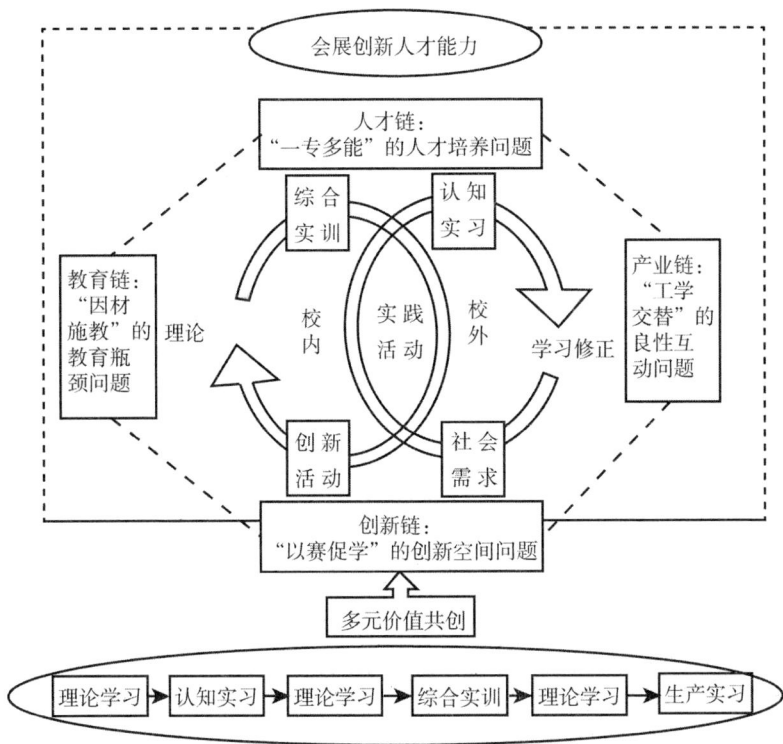

图1 旅游管理专业人才培养"四链双循环"模式

（一）基于多元价值共创的"四链双循环"模式的实施策略

"四链双循环"创新型培养模式是指在旅游经营培养活动中强调体系化、阶段性和连贯性，从学生自己的能力、比赛能力训练、公司机构实践经验等方面出发，向他们拓展各个时期需要的创造能力和知识。该系统将基础知识教学链条、复合人才培养链条、"工学交替"产业链和实际的创造链条等环节融合到一个链条上，突出不同实验环节和理论知识的有机融合，从而发挥教师的指导作用。在多元价值共创理念指引下，形成了旅游管理人才在学校、校外层次的教育产业链、人才培养链、产业链、创新链方面的实现途径。

1. "需求导向"的培养体系调整

具体应用在教学环节则表现在形成共建教学、实践跟踪回访激励机制、学习单元互动激励机制、产教融合协作激励机制、建立实践型师资队伍、产业精英专业讲座和毕业校友交流激励机制等动态监控市场需求的基础上，动态调整人才培养定位和目标，力求培育符合产业需要的复合型旅游管理专业人才。首先体现在与企业共建课程体系，旅游管理专业先后与盈科美辰国际旅行社有限公司宜宾分公司（"导游业务""旅行社经营管理"）、宜宾华邑酒店（"酒店管理"）、宜宾戎学教育管理有限公司（"研学旅游"）、宜宾市大数据管理中心（"智慧旅游"）等单位达成协议共建旅游管理课程，邀请企业参与课程的教学大纲或案例库建设中，使企业人才需求和教学过程无缝对接。其次，旅游管理教学体系根据实习跟踪回访机制进行微调，通过毕业顶岗实习中与实习单位、实习学生的深度交流，获取行业对人才的需求要素，并整理后加入教学大纲中，以期更能适应社会经济和高等教育教学发展需求。如：经实习回访了解到企业需要具有拍摄、编辑、写作能力的综合性人才，则在"酒店管理"课程教学过程中训练制作短视频能力，逐步提高学生在新媒体应用上的能力。

2. 全员因材施教，打造"产教融合，双元培养"的教育链

为缓解旅游管理工作本科生培育"因材施教"的难题，我们将采用"学校教师+校外教师"双元培养并构成双教师培育方式，面向性解答学生的知识、业务实际需要，切实理解学生的需求，按照学生的发展目标，制定培育途径与培育计划，攻克"因材施教"的障碍。例如，旅游管理教学主要有三个方向，分别是旅行社管理方向、酒店管理方向和旅游规划设计方向，因此根据学生自己的需求和意愿，一是对其在校期间需要获取的能力进行指导和引导，考取未来实习或就业所需证书；二是在顶岗实习前期工作中帮助其进行就业思考和选择，避免因需求与实践不匹配造成矛盾和痛点。通过引入"双导师"形式，学校教师注重学生基础知识需要，校外教师注重学生实际创新能力训练，在学校教师的引导下掌握知识与创新能力，利用学校教师的引导进行创新性实验活动，把掌握的基础知识付诸实践，促进教师课堂成效和创新性实践的高效衔接。

3. 全力提高核心能力，构建"以赛促学，竞合成长"的人才链

在最新版的旅游管理专业培养方案中，培养目标三是培养具有较强的语言与文字表达、人际沟通能力和良好的行为礼仪规范，具备旅游组织管理与服务的能力，在团队工作中发挥主要作用，成为旅游行业的骨干人才。根据学校传统人才培养方式中偏重课堂的教育特点，本学科开设了课外项目，鼓励学生参与各类专业竞赛，通过"赛中学，学中赛"的教学模式使他们在比赛中了解、掌握和应用知识。另外，旅游管理专业人才培养注重人才的差异性培养，强调学科复合型培养。除了旅游管理专业基础理论知识的夯实，还需要加强其专业技能训练，如在教学方案中除专业课程外，还加入了"茶艺""插花""摄影""调酒"等应用创新选修课程，提高学生多方面素养；"多能"，也就是着重训练学习者的各种能力，包括语言交流能力、文本策划能力、报告表达能力、临场应变能力、组织实施能力等。如设置有"礼仪与形象塑造""普通话与口才""旅游日语""研学旅游""智慧旅游"等选修课程，提高自身的专业能力，培养核心竞争力。

4. 全面产学互促，实现"工学交替，主动出击"的产业链

为了加强产教结合工作，促进教育产业链和教学类的有机连接，我们明确提出"自主出击"，采取"工学交替"的手段

推动产教结合、产学互促。利用"理论—认知实践—理论—综合实习—技术实践—产品实践"这一特色"工学交替"管理模式，做到"工学交替"，工业生产—管理—人才培养的有机衔接。如2023年版的教学培养大纲中，经过对旅游市场的调研，旅游教研室集体反复讨论后，新增设"研学旅游"课程，即是对旅游人才市场需求的紧密响应。再比如通过前期课程对企业的参观访问，使学生获得认知，再进行理论学习和综合实训，最后到该企业生产实践，建立起实践认知与理论学习的对应关系。另外，引导和扶持建设导游工作室、礼仪服务队，积极衔接并支撑业内各种旅游行为，做到"工学交替"和产学互促。

5. 全程创新训练，强化"多措并举，创造机会"的创新链条

着重培育创新型人才，从校内学习、校外见习、专业竞赛、实践教学等阶段全过程提出创新创业培训目标，引导和帮助师生开展创意策划书、研究项目等教学内容的创新。在课程教学中，教师安排学生策划课题，在课堂教学实际中训练了学生的创造意识和创造力；在学校实际中，教师对学生选题方式进行把关、实验课程层次进行把关，并引导学生进行参与型、思维式实验，提高创造力；在学科比赛上，校内校外教师一对一引导，给学生创造了创造性培养平台；在社区实践中，提出贴合创新创业、时事社区的新选题，鼓励在此基础上开展技术

创新和突破。总之，学院采取了"多措并举，创造机会"的方法，把创新创业培训贯穿于教育过程始终。

(二)"双循环"培养模式的实施内容体系

从实践环节入手，倾听学生的建议，聘请旅游行业内技术专家、企业管理层、资深专业培训教师，对旅游管理专业的实践课程内容进行讨论和研究，构建以技能训练为主的实践程序，按核心能力、职业通用能力和职业特殊能力设置实践课程。根据旅游管理学科实际状况，根据职业特点，引入行业标准及典型产品为课程载体，共同组织校企合作课程研究和建设。在教育过程中，紧随旅游行业的动态变化与科技进步，针对该专业面向的职业群体以及对知识、能力、素养的要求和行业企业标准，及时调整教学内容。将学校的基础理论课程和企业实际经营情况有机融合。在"理论—案例""再理论—再案例"的双循环过程中，实现"学生→员工→高素质技能型专门人才"的角色转变，从而使他们从学校顺利无痛过渡到职业人。

"双循环"教育体系建立和推行的基础是学校层面与时俱进的教育理念和行业企业实践平台的建立。校内的"课外项目"鼓励学生参与专业竞赛、挑战杯、"互联网+"的各类竞赛，开展综合实践项目，通过"赛中学，学促赛"的教学模式，在竞赛中实现学生知识结构的丰富和综合能力的增强。同时，实战竞赛还提高了学生的语言表达能力、解决问题能力、文字技能、社交技能等素质，大力促进了学生专业基础知识和实际综合技能的融合和运用。经过这些教学与实践，在学校形成了创新型复合型人才培养循环系统。和企业建立与构建校企合作机制，全方位了解行业企业用人需求与标准，在校外层次，形成应用型人才循环系统。

（三）"双循环"实践教学管理体系

通过校企合作的方式，让教育资源能够充分"共享"。吸收企业最先进的行业管理方法并运用于教学管理中，对教师进行"准企业管理"，把技术标准引入课程，专业技能评估列入教学计划，职业资格证书获取列入学分考评，顶岗实习与就业工作密切联系，使校企"协同"发展。通过"双循环"实践教学管理体系，建立资源共享、优势互补、产学紧密结合、校企双赢的"共享共赢"的教育实践教学管理和考核体系制度。

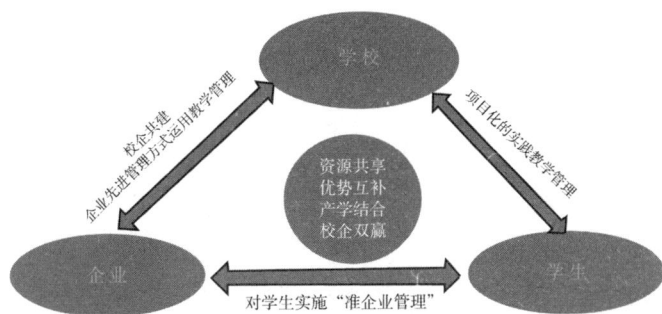

图2 公司、高校、学校共同组织的"共享共赢"
双循环实践课程管理与评价体系

（四）"四链双循环"教学模式的实践初步成效

经过不断地剖析、决策、实践，旅游管理专业"四链双循环"模式逐渐走上轨道，学生参与校外实践活动的积极性大幅增加：大一两位同学代表宜宾学院参加省演讲比赛获三等奖；大二学生参加首届环宜宾自行车联赛取得第四名的好成绩；在实习课程环节，鼓励和指导学生找到更适合自己的实习单位，并顺利就业，吴丹同学被尊悦豪生酒店评为第二季度服务明星。旅游管理专业教学将在多元化价值共创理念下，做到学生个人成长目标、公司用人需要和社会培养目标的一致，在培养过程中明确学校义务和社会需要，根据市场人才需求引导，因材施教，建立系统的旅游管理专业人才创新培养体系，完善系统的"四链双循环"人才培养模式。

图3　2023年旅游管理应届毕业生吴丹同学（一排左一）获奖

图4　胥桃（右三）、唐红珍（右二）参加四川省防灾减灾演讲比赛获三等奖

参考文献：

[1] 杨劲松 . 基于职业能力培养的高职实践教学体系构建与创新刍议——以常州轻工职业技术学院为例 [J] . 江苏教育研究，2013（27）：73-77.

[2] 潘安霞，程畅 . 基于校企合作的"双循环"实践教学体系的构建与实践 [J] . 机械职业教育，2014（01）：33-35.

[3] 吕姝慧 . 地方高校应用型人才培养模式研究 [D] . 哈尔滨：黑龙江大学，2016.

[4] 秦蔚昀 ."以赛促学"实践教学模式初探——以高职院校广告设计专业为例 [J] . 现代装饰（理论），2015

（8）：282.

　　［5］张慧，王婷伟.四链双循环：多元价值共创视阈下会展创新人才培养模式研究［J］.商展经济，2021（21）：7-12.

　　［6］高健，周志刚，潘海生.价值共创视角下职业教育人才培养的路径研究［J］.中国电化教育，2020（2）.

　　［7］王钦安，张丽惠，程晓丽.旅游类应用型人才校企合作培养研究——基于价值共创的视角［J］.池州学院学报，2017，31（3）.

构建"五四五"大学生就业能力
培养的实践教学体系

李凤军

摘　要：法管学院是我校文科第一大学院，学生数量众多，就业形势严峻，如何完善实践教学体系、培养高素质应用人才、提高就业率是学校和学院共同关心的问题。法管学院根据社会发展需要和人才培养目标，明确了高校毕业生应具备的基础实践能力、专业应用能力、创新创业能力、就业发展能力这四层核心就业能力培养过程，构建了目标体系、内容体系、模式体系、条件体系、管理体系五位一体的实践教学体系，对推动人才培养、实践教学、学生就业、产教融合起到了较大作用。

关键词：大学生就业；五位一体；四层级就业能力；五大实践教学体系

一、大学生就业现状

2022 年我国高等院校毕业生数量已达到 1076 万，2023 年我国高校毕业生人数达 1158 万人，同比增加 82 万人，创下历史新高①。疫情和经济下行对就业造成双重影响，招工难、就业难并存的结构性矛盾比较突出，随着大学生生源数量的不断增加，未来几年大学生的就业形势将更加严峻。法管学院是我校文科第一大学院，原有法学、知识产权、公共事业管理、社会工作、行政管理、劳动与社会保障、公共关系学等专业，就业方向上与国家机关、企业单位、事业单位、社会服务机构等联系密切，近 3 年来，学院就业率在 93% 以上。为了提升大学生的实践能力，有效提高大学生的就业率，学院逐渐形成了"五四五"大学生就业能力培养的实践教学体系。

二、"五四五"大学生就业能力培养实践教学体系的具体内涵

"五四五"，第一个"五"是指五位一体，是培养锻炼大学生能力的五个主体，五位一体的含义，是以学生为中心，学校为主导，国家机关、企业、事业、服务机构等为主体的实践教学单位，共同完成培养学生的实践教学活动。法管学院高度重视和国家机关、企业、事业、服务机构等之间的实践合作，形成了校内、校外双循环的实践教学体系。

法管学院是实践教学的主体，主要负责实践教学的总体内容设计、运行实施、教学保障。学院会根据学校的整体要求，

---

① 陈汉辞. 本科生"回炉"读职校：高等教育普及化后，高校如何定位？[N]. 第一财经日报，2024-01-22（A06）.

定期对培养方案进行修正，组织校外的国家机关、企业、事业、服务机构等实务机构人员对学院的实践教学内容提出意见和建议，派出部分教师到实务部门调查研究，根据社会发展，完善实践教学内容和方案。

第二个"四"，是指四层次的就业能力培养。四层次的就业能力，包括基础实践能力、专业应用能力、创新应用能力、职业发展能力。学院根据学生的入学阶段，由浅入深地、渐进式地推进实践教学，从大一到大四，让学生掌握四个层次的就业能力，满足社会需求，顺利找到合适的工作，融入社会，实现自我价值。

第三个"五"，是指实现学生就业能力的五个子体系，具体可以从目标体系、内容体系、模式体系、条件体系、管理体系五个子体系着手，落实法管学院实践教学工作。

三、五个子体系的构建和运行

法管学院实践教学体系是由五个子体系构成的，实践教学体系的实施也由五个子体系运行完成，具体可以从目标体系、内容体系、模式体系、条件体系、管理体系五个子体系着手，落实法管学院实践教学工作。

目标体系：培养职业能力，全面构建综合职业素质、岗位发展能力、资格证书获取能力。

内容体系：实践能力、操作技能、职业素质、专业知识

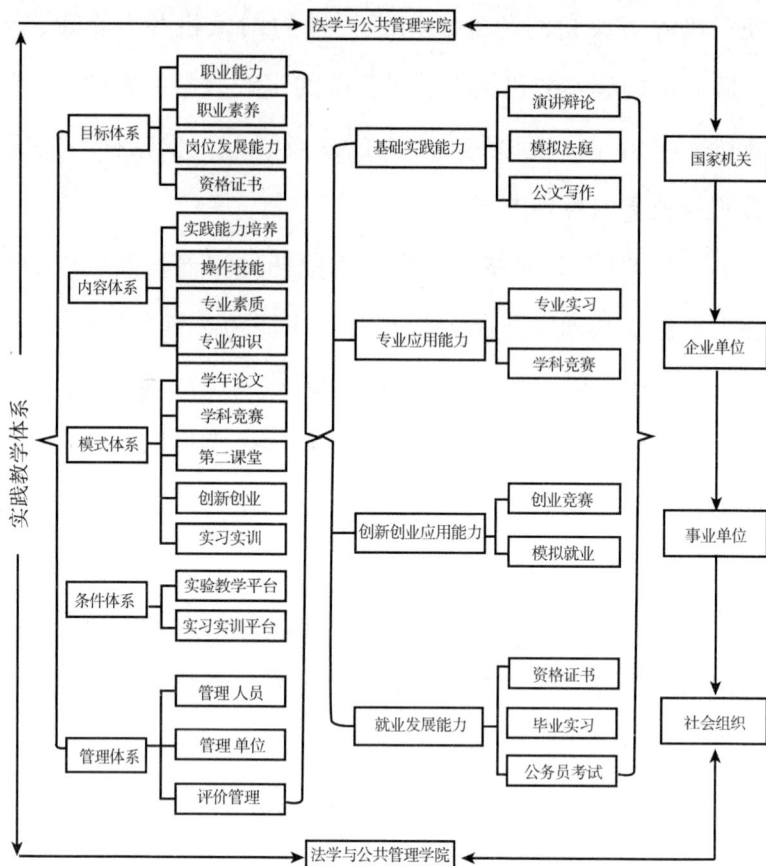

图1 双循环实践教学体系图

培养。

模式体系：学院根据学生的实际情况，从大一到大四，利用不同的实践模式来提升学生的实践能力和职业能力，包括学年论文、学科竞赛、资格证书、第二课堂、学生科研项目、专业见习实习、毕业实习等。

条件体系：学院已经积极搭建各种实践平台，建立优质实践教学基地，包括模拟法庭实验室、社会工作实验室、公务模拟实验室、知识产权实验室、法律援助工作站、社区调解委员会。

管理体系：高等教育实践教学管理体系是指管理制度、管理单位、管理人员、管理手段以及管理评价的集合体，它在整个高等教育实践教学体系中扮演着反馈与调控者的角色。

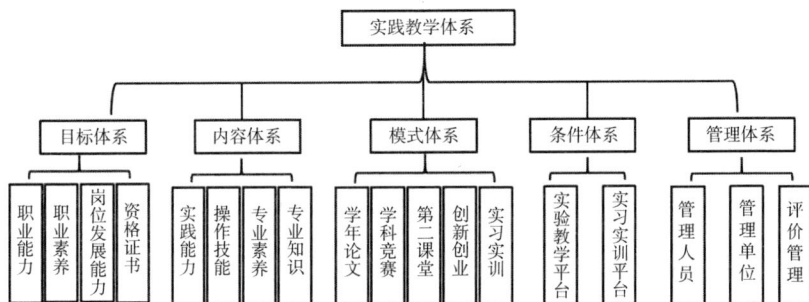

图 2　实践教学体系图

四、努力实现四层级的核心就业能力

四层级核心就业能力包括基础实践能力、专业应用能力、创新应用能力、职业发展能力。学院根据学生的入学阶段，由浅入深地、渐进式地推进实践教学，让学生掌握四个层次的实践能力，满足社会需求，顺利找到合适的工作，融入社会，实现自我价值。

（一）基础实践能力

根据法管学院人才培养方案，大一新生开始进行基础实践

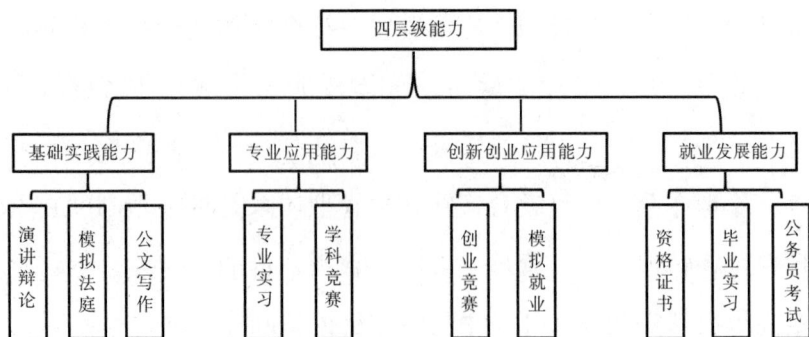

图3　四层级能力

能力的培训，包括学生的学年论文，教师科研课题和学生创新实践活动的结合，学生有组织地参加学院举办的竞赛活动，例如演讲、辩论、模拟法庭、公文写作、知识竞赛等，夯实学生的基础实践能力。在提升学生基础实践能力的过程中，学院形成了三个较好的实践模式：一是学生科研和实践教学的融合；二是教师科研课题和学生创新创业项目的结合；三是组织学生参加各类专业竞赛。

　　学生学年论文和实践教学的结合是培养法管类复合型人才的突破口和创新点，以实践教学为推手，要求学生写好学年论文，锻炼了学生的写作能力。法管学院的专业，在大一阶段，开设学年论文课程和创新实践课程，要求学生把科研和实践教学活动结合起来，提升学生的实践能力和科研能力。学生学年论文实行导师制，导师由校内、校外科研素质高、品德好、负责任的导师担任。学生学年论文的完成，为后期的大学生创新创业项目、挑战杯项目等学科竞赛，以及毕业论文的完成奠定基础。

教师科研课题和学生创新创业竞赛融合。学院引导学生参与教师横向课题研究，这是学院培养学生创新创业能力的一个举措，也有助于学生就业能力的提升。学院有横向课题的教师，可以邀请学生参与，让学生参与一些基础性工作，搜集资料、案例，教师教会学生从事科研课题的方法和能力，在这个基础上，学生申报创新创业项目成功率较高，学生申报的创新创业竞赛项目，可以申请教师给予指导，形成良性循环。

学生有组织地参加演讲比赛、辩论比赛、模拟法庭竞赛、公文写作竞赛、知识竞赛、社会工作案例大赛、公益创投大赛等，锻炼学生的口头表达能力和应变能力，激发学生的学习热情和专业认同感，提升专业自信，扩大学生的知识宽度，提高学生情商，为学生走入社会奠定基础的实践能力。

（二）专业应用能力

在学生的大二和大三年级，培训和锻炼学生的专业应用能力。学生专业应用能力的锻炼和提升主要是通过专业见习和专业实习、创新创业项目、挑战杯项目、"互联网+"项目来完成。在教学组织及管理上，契合区域产业结构，对接国家机关、企业、事业、服务行业需求，构筑产教融合、协同育人平台，实行校内和校外"双主体"实习实训，形成学校与企业之间的良性互动，把国家机关、企业、事业、服务行业新知识、新标准、新案例有机融入课程教学中，注重应用、强化实践、突出能力、因材施教，激发学生的好奇心和创造力，提升学生对社会需求的适应性，将学生培养成为解决实际问题能力强、具有创新意识与创新能力的应用型特色人才。主要开展的工作有以下几个方面：

一是聘请校外实践教师。聘请校外法官、律师、公证员、政府工作人员、社工行业专家参与实践教学活动，指导学生的专业见习、专业实习、毕业实习、毕业论文、创新创业等工作。邀请校外导师开展学术和实务讲座，学生可以和校外实务专业近距离对话，实现人才培养与行业、企业发展的良性互动。

二是开展双师双能型教师培养，通过优秀的教师培训带动优秀的学生。法管学院定期选派教师到宜宾市中级人民法院、宜宾市人民检察院、宜宾市司法局挂职锻炼，进行专业技能的培训和开展实务工作；选派教师到律师事务所兼职从事律师工作；组织教师参加各种资格证考试。到目前为止，法学和知识产权专业教师有70%取得法律职业资格，社会工作专业有80%取得社会工作师资格证。

三是建立优质实践教学基地。学院以卓越法律人才实践教学基地为模板，建立一批可靠和运行效果良好的实践教学基地，为学生实习和实训提供物质支撑。

四是学生积极参加社会实践活动。组织学生参与法律援助进社区、法治宣传、大学生志愿活动、三下乡等社会实践，开拓学生的社交面，掌握社情民意，顺应社会发展，为大学生就业奠定社会实践经验。

（三）创新创业应用能力

为了提高大学生的实践动手能力，解决大学生的就业问题，我院积极动员学生参加各类大学生学科应用型竞赛、创新创业实践类竞赛、"挑战杯"全国大学生课外学术科技作品竞赛、"挑战杯"中国大学生创业计划大赛、中国"互联网+"大学生创新创业大赛等，还有省级学宪法讲宪法知识竞赛、大学生模拟法庭竞赛，演讲、辩论、公文写作竞赛等，通过项目计划书、创意书、调研报告、学术论文、路演等实践过程，对提升学生的创新应用能力、解决实际问题的能力，有较大帮助。

学生在校期间，法管学院鼓励学生自主创业，为其提供校园场地，创造创业条件。如，教师布置创业作业考核，学生可在规定的时间内，向学校申请一次创业活动，在校园里面开展一次创业活动。通过活动策划、实战演练、经验分享、创业反思等环节，学生能够在实践中得到宝贵的经验。已经连续三年成为学校申报大学生课外实践项目最多的学院，并取得了较好的实践效果。

（四）就业发展能力

法管学院通过技能、知识、素养三个维度不断培养学生的就业发展能力。一是鼓励学生参加各种资格证考试。包括社会工作师资格证，心理咨询师资格考试，国家法律职业资格考试，计算机等级考试，英语四、六级等级考试等，提高学生的硬实力。二是进行职业生涯规划。引导大学生尽早接触社会，帮助学生掌握相关就业形势、就业方向、岗位需求等知识，协助学生不断进行自我探索形成正确的自我认知和社会认知。三是培养良好的就业态度。帮助学生正视自我的能力水平和兴趣爱好，树立正确的职业理想和人职匹配的就业观，以确保自己顺利就业。

五、"五四五"实践教学体系的运行探索

法管学院在逐渐运行"五四五"实践教学体系，运行效果较好，为了更好地运行该实践教学体系，须做好以下工作。

（一）更新实践教学观念

实践教学是高素质应用人才培养的必要手段，无论是教师还是学生都要及时转变教学理念，充分认识到专业实践教学在人才培养过程中的重要性。学院通过每次教学例会、教学研讨会、课题申报、实验室建设等工作，不断强调教师要清楚实践教学和理论教学是专业教学活动中不可分割的两个方面和环节，并注重自身实践教学水平的持续提升。同时，借助班团活动、学生实践活动、创新创业项目、专业实习等，教育学生要深刻意识到专业实践教学对培养自身实践能力、积累实务经验、提升专业水平的重要性，主动配合、积极参与专业实践教

学，充分发挥主动性和创造性。

（二）优化实践教学内容

实践教学内容是实践教学体系的核心。学院以专业人才培养方案修订为契机，对实践教学内容进行调整。第一，围绕宜宾学院办学定位和各专业人才培养目标形成实践课程体系，结合网络资源对实践课程具体教学内容进行设计、更新，注重创新和应用。第二，融入新的教学方法和手段，使用 TPR 软件教学平台，加强实践课程教学材料及教材的建设。第三，紧贴当下社会发展对各专业人才的需求实际开展专业实习，结合各专业办学优势或特色，确定多元多层次的实习内容，以满足学生不同层次的专业实习需求，兼顾基础性与综合性。第四，开展形式多样的自主实践，结合学生实际（如能力、兴趣、需求等）进行引导，围绕专业能力培养，开展相关的科研创新、社会实践、志愿服务等活动，以此为基础扩展融合其他方面的知识和能力。第五，根据教学规律和专业实践教学的阶段目标，将实践教学贯穿大学四年，由低到高、由浅入深，逐步培养提升学生的专业实践能力和水平。

（三）拓展实践教学平台

法管学院根据实践教学需求拓展多类型、多功能的专业实践教学平台，从整合专业实践教学资源的角度加强平台的共建共享共管。第一，加强社会工作、公共管理等专业实验室教学平台建设，以实践实验课程建设和改革推动专业实验室建设，并提升实验室建设管理水平，创新实验室使用模式。第二，拓展各专业实习实践平台，建立党政机关、企事业单位、社会组织等多类型校内校外专业实习实训基地，满足多样实习需求，打造高质量专业实习平台，并形成规范高效的专业实习运行模式。第三，依托实创中心和社会工作 TPR 实践教学软件，搭建线上线下学生科研和创新创业能力提升实训平台，运用新科技手段实现专业实践教学平台建设的信息化、数字化，提升运行效力、管理水平，实现实践平台资源的共享共管。

（四）提升实践教学水平

根据实践教学需求，加强师资队伍建设，注重建立"双师"型专业教师队伍。第一，加大社会工作专业教师的继续教育和培训力度，鼓励教师通过考试获得社会工作者职业资格证书，通过外出交流学习、访学进修、专业培训不断提升自身社会工作专业素养。第二，鼓励教师通过参加社工督导培训、参与社工机构项目和社会服务，开展实习指导，增加与社工机构督导人员、一线社工的讨论交流机会，进一步提升社工实务水平和实习督导能力，从而完善实习督导制度。第三，通过建立专业实践教学团队，开展社工专业课程实践教学改革，鼓励教师参与实践教学平台的建设，指导学生开展课外自主实践，在教学实践中探索、改进专业实践教学的模式、内容、方法，不断提升社会工作专业实践教学指导水平。

参考文献：

[1] 左治江，潘利波，余五新."政校企介"四位一体的新工科实践教学体系构建 [J].中国现代教育装备，2022，(07)：149-151.

[2] 汝骅."三目标取向、三课堂联动、三层次递进"实践教学体系构建与实施路径研究 [J].高教学刊，2023，(03)：21-24.

[3] 陈梅.法学专业创新实践教学体系研究——"双师型"教学队伍建设视角 [J].科技创业月刊，2021，(02)：140-142.

[4] 尹珊珊，谭正航.论地方高校法学专业创新创业教育实践教学体系建设 [J].理论观察，2018，(09)：129-131.

[5] 张绪涛，孟昭博，赵庆双.基于OBE理念的混凝土结构课程实践教学体系构建 [J].高教学刊，2022，8 (03)：66-69.

基于 OBE 理念的音乐学专业"双循环"实践教学体系建设报告

夏　毅

摘　要：宜宾学院音乐学专业是以培养音乐教育人才为主的师范专业，对毕业生的要求是今后能够成为在中学从事音乐教学与研究的音乐骨干教师。为了让音乐学专业培养的学生更好适应未来职业和社会发展需求，学院基于 OBE 教育理念，坚持学生为中心原则，构建协同育人"校内校外双循环"实践教学体系，学生在教育教学、专业技能、舞台表演、创新创业等实践能力方面明显得以提升。

关键词：OBE 理念；校内校外双循环；音乐学专业

为进一步落实习近平总书记来川来宜来校视察的重要指示精神，贯彻教育部《关于进一步加强高校实践育人工作的若干意见》和《关于深化本科教育教学改革全面提高人才培养质量的意见》等文件要求，体现地方应用型高校实践教学理念，我院在基于 OBE 理念的基础上构建了"校内校外双循环"实践教学体系，下面以音乐学专业为例作"双循环"实践教学体系构建成果汇报。

为了让音乐学专业培养的学生更好适应时代和社会发展需求，学院以培养高素质应用人才为目标，坚持产出导向、学生为中心原则，构建协同育人"校内校外双循环"实践教学体系。

一、以需求为导向定位培养目标

OBE成果导向教育亦称目标导向教育、需求导向教育，是"以学生为中心+以成果为导向+持续改进"的"集成"。学院领导基于OBE教育理念，带领音乐学专业相关教师，2022—2023学年通过走访、座谈、问卷等方式，以用人单位、在校生与毕业生三大利益相关方为调研对象展开广泛调研。前后调研用人单位共151家，主要为宜宾市中小学、教育管理机构及培训机构。其中，小学58所，占比为38.41%；初中63所，占比41.72%；高中26所，占比17.22%；培训机构4家，占比2.65%。经过多次讨论修订，确立了专业培养目标。

培养目标定位为：致力于培养德智体美劳全面发展，具有坚定理想信念、深厚教育情怀和中华优秀传统文化传承使命感，系统掌握中学音乐教育教学基本知识和技能，具备良好人文素养和审美素质，拥有较强的教学教研能力、学习反思能力、沟通协作能力和班级管理能力，能适应未来职业和社会发展，能够在中学从事音乐教学与研究的音乐骨干教师。

二、通过校内外途径设置实践教学课程体系

音乐学专业从培养目标出发，与社会需求对接，根据专业毕业要求，设置了"校内校外双循环"实践教学课程体系。

首先是"理论—实践—反思"第一轮校内实践教学循环，课程安排实现学生从具备"职业基础知识、基本技能"到"职业基本实践能力"的发展。音乐学专业分别在第一、二、三、四学期开设声乐、钢琴、合唱指挥法基础、形体舞蹈、钢琴即兴配奏、视唱练耳、基础乐理、和声学、中（小）学音乐课程标准与教材研究、音乐课程与教学论、音乐教学设计、中华经典诗词歌曲欣赏与传唱、艺术概论、音乐美学等中小学音乐教师应具备的基础知识和基本技能课程，借助实训室实训、早讲晚练、学科竞赛、第二课堂等形式，让学生完成教案设计、教具制作、说课、模拟教学、评课、拓展技能、科研调查等，培养其弹、唱、跳、说、授、评等综合教学能力。

然后是"理论—实践—反思"第二轮校外实践教学循环，递进式培养学生的"职业基本实践能力—职业核心能力—职业综合能力"。在第五、六、七、八学期，开设教育学、教育心理学、中国民族民间音乐、自弹自唱、音乐试讲与微格实训、中（小）学音乐创新实践活动、中（小）学音乐教学实践与案例研究、教育见习、教育实习、教育研习、毕业论文（设

计)、毕业音乐会等实用性很强的实践课程，安排学生走出校园，深入实际的教学环境。特别是通过第7学期近16周时间，让学生到校外实习基地学校开展教育教学实践活动，在本校教师和中学教师"双导师"的指导下，设计与实施真实的教学任务，并对个人的教学实践进行反思，完成"理论—实践—反思"的第二轮循环，实现学生从具备"职业基本实践能力"到"职业核心能力"到"职业综合能力"的递进式发展。

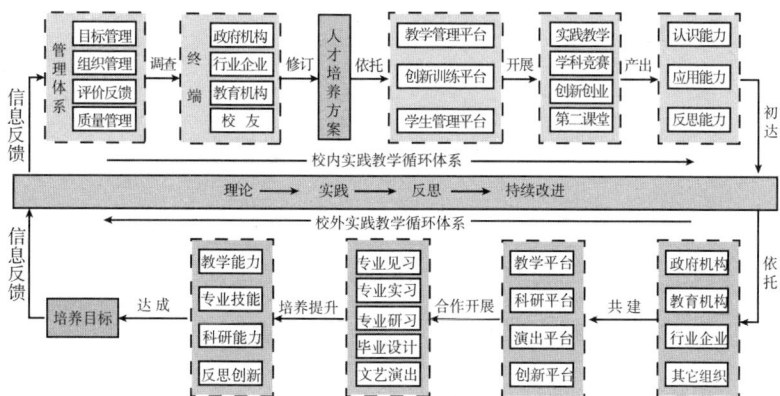

图1 音乐学专业双循环实践教学体系

三、校地合作，共建课程

为了更好地提升高素质应用人才培养质量，学院领导联系了周边各地中小学、艺术研究院等优秀专家共同研讨，制定人才培养方案，设置音乐学专业实践教学课程体系。同时还邀请校外专家到校承担教师教育类和管乐类课程，音乐学专业近年来聘请了宜宾市三中、宜宾市人民路小学等单位优秀教师到校上了"管乐合奏""中（小）学音乐创新实践活动"等课程，共同培育学生，这种共建共管共育方式，确保了培养的人才能够很好适应用人单位和社会发展需求。学院还与杜甫草堂博物馆、酒都艺术研究院、宜宾市文化馆等单位签订实践教育基地，双方联合开展文化服务，让师生们有了更多实践锻炼的机会，丰富了音乐学专业的"舞台艺术实践"课程。校地合作，共建课程成效显著。

四、以学科竞赛、文艺活动带动实践教学

学院着力将实践教学内容与学科竞赛、文艺活动结合起来，给学生明确的目标感，充分调动学生的学习积极性，培养提升了学生的实践实训能力。音乐学专业将"创新性思维与方法"等课程与大学生创新创业项目结合起来，将专业核心课程与各类竞赛活动结合起来，将舞台艺术实践与文艺演出结合起来，从而打造"理论课—实践课—学科竞赛—文艺演出"实践教学模式。实践教学教师团队配备齐全，除去专业实践课任课教师以外，还有专职辅导员、实习实践指导教师、舞台艺术实践指导教师、实习实践基地指导教师等，通过校内校外途径，全方位、全面有效地指导学生进行实践学习。例如，学院建设的中华古谱诗乐舞传承创新研究中心，近几年融合组建了音乐与中文专业的教师团队，带领学生进行了大量的古谱诗词演

出，学生参与度很高，学习兴趣浓厚。学院以学科竞赛、文艺活动很好地带动了音乐学专业的实践教学，达到了以赛促学、以赛促教、以活动育人的目的。

五、加强实习实践基地建设

实习基地是师范教育教学的社会课堂，是实施"理论—实践、再理论—再实践"的人才培养"双循环模式"的场所与保障。学院 2023 年继续通过加强拓展实习基地建设，创新校企合作办学模式，着力培养学生实际教学能力以及创新能力。2023 年 4 月学院与成都杜甫草堂博物馆、眉山三苏祠博物馆进行了"宜宾学院文化传承与创新研习基地""中华古谱诗词传承创新实践基地"的授牌；2023 年 6 月学院与华强方特文化科技集团股份有限公司签订了校企合作协议书，开展管理、实习、培训、科研等合作；2023 年 7 月又与宜宾酒都艺术研究院签署实践教学基地协议。学院通过扩大增强实习实践基地，努力给学生提供真实的工作环境进行学习，培养其良好的实践能力、创新能力，积极为学生创造就业空间，拓宽就业渠道。

六、建立多元化实践教学考核评价体系

传统的教学评价方式考试成绩占比过大，导致学生不注重平时的学习过程，仅在考试前突击复习，最终学习效果不尽如人意。OBE 理念强调以学生为中心，这就要求必须改革传统的

实践教学考核评价方式，采用多元化评价方式，让学生的学习从应付考试转向日常学习。根据学校要求并结合专业技能学科特点，音乐学专业2023级调整了实践课程过程性考核占比，以实践为主的课程过程性考核占比增加到60%—70%，将期末考试成绩占比大幅度缩减到50%以下。同时让校外教师参与到竞赛活动、课程考核中来，更加全面、公正地评价学生学习成绩。

七、学生学习效果

通过"校内校外双循环"实践教学体系建设与实施，学生的教育教学、专业技能、舞台表演、创新创业实践能力明显增强。

（一）学生教育教学能力得以提升

学生通过深入到中小学参与见习、实习、研习，提前熟悉了教学岗位环境、授课对象、授课教材，在校内外指导教师双重辅导下教学能力得到迅速提升。音乐学专业学生在"三下乡"活动和甘洛县顶岗支教中，表现突出，受到地方学校教师和领导的一致好评。

（二）学生舞台实践能力增强

学院给学生提供了大量舞台表演机会，学生舞台实践能力得到充分锻炼，成果显著。2023年4月22日，全国高校文化自信与文化育人——中华优秀传统文化与高校美育研讨会在宜宾学院成功举办，音乐学专业学生排练演出的"风雅中国"古谱诗词音乐会获得全国专家一致好评；2023 年 4 月音乐专业学生演绎的苗族民歌《蝴蝶妈妈》在第五届西部民歌展演中获"优秀作品奖"；在 2023 年 8 月的四川省第十届大学生艺术展演活动中，合唱《怀念战友》和《吼当》荣获声乐/乙组（专业组）一等奖；表演唱《好久没有唱山歌》荣获声乐/乙组（专业组）一等奖。

（三）学生专业基本技能得到全面发展

在 2023 年 7 月四川省第三届高等学校音乐教育专业教师基本功展示和四川省第九届高校音乐教育专业大学生基本功展示活动上，音乐学专业教师、学生共获奖 12 项：优秀组织奖，学生本科组团体三等奖，音乐学专业学生马泽轩获个人全能二等奖，歌唱与伴奏、合唱指挥、自弹自唱获单项奖，音乐学专业学生白銮雪获个人全能三等奖等等。

（四）学生创新创业实践能力得到提升

2023 年 3 月学院组织学生参加学校第七届"挑战杯"大学生课外学术科技作品竞赛，立项 34 个，获奖 6 个；2023 年 6 月学院积极组织学生参加"2023 年大学生创新创业训练计划"项目，获批 3 个国家级、17 个省级、22 个校级项目，音乐学专业占了 10 个。学院通过组织学生参与项目申报建设，很好地培养了学生的创新创业能力，充分证实了学院以学科竞赛为载体、以项目为支撑带动实践教学，成绩显著。

八、实践教学成果的推广与应用

（一）选用优秀学生服务地方基础教育

2023 年 6 月 30 日，学院在凉水井中学开展了"实践感悟新时代，挺膺担当新征程"2023 年暑期"三下乡"社会实践活动。本次活动以音乐学优秀学生代表给中学生上"音乐党课"的形式进行，通过播放红色视频、演奏红色音乐、教学红色内容带领同学们感受红色文化的时代光芒和磅礴力量。暑期"三下乡"社会实践活动充分发挥了实践育人的作用，增强了学生的时代责任和使命担当。同时学院每年还选择优秀的实习生到甘洛县顶岗实习支教，一方面可以解决农村中小学师资短缺、水平偏低等现实问题；另一方面有利于培养师范学生的创新精神、实践能力和吃苦耐劳的优良品质，为将来从事教育教学工作奠定良好基础。

（二）发挥专业优势，大力弘扬中华民族传统音乐文化

学院设置的中华古谱诗乐舞传承创新研究中心在 2018 年主要依托上海音乐学院国家艺术基金"古谱诗词传承人才培养"项目成果开始建设。近年来中心与眉山三苏祠博物馆、成都杜甫草堂博物馆、川南各市文化馆、各地文化宣传部门展开一系列合作，通过系统性的人才培养和社会服务，将优秀传统文化、地方红色文化有机融入地方文化教育事业产业建设。2023 年中心与成都杜甫草堂博物馆等单位开展"古谱诗词传

承研习""古谱诗词少儿培训"等一系列项目合作，是很好地服务社会及周边中小学的公益活动，受到各单位及地方人民群众的一致好评。

基于OBE理念，音乐学专业以需求为导向，坚持"学生中心、产出导向、持续改进"的基本理念建立校内校外双循环实践教学体系，学生学习效果明显，成果显著。师范生培养是一个持续改进的过程，音乐学专业实践教学体系建设也是一个动态调整、不断完善的过程。今后学院仍然坚持以学生为中心配置教育资源、组织课程和实施教学，建立健全校内外一体化实践教学体系，切实提高学生教学能力，不断提高师范生培养质量。

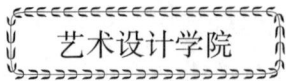

基于布尔迪厄实践理论构建的
"三三四四"实践教学体系报告

刘　炜

摘　要：在当前的教育背景下，实践教学逐渐从教学"环节"转化为教学"中心"，成为教育教学不可或缺的部分，是提高学生综合素质、提升教育质量的重要手段。艺术设计学院培养具有艺术审美素养和优质设计能力，能适应地方经济社会发展需求，富有创新能力与创业精神的艺术类高素质应用人才，其实践教学体系的构建具有重要意义。本学院将基于布尔迪厄实践理论，并结合艺术设计学院具体实际情况构建"三三四四"实践教学体系，以推动艺术设计学院教学质量的全面提升。

关键词：布尔迪厄；实践能力；实践教学体系

一、报告背景与目的

随着社会的发展和经济的转型，实践型、应用型人才的培养成为高等教育的重要任务。2022 年 7 月，宜宾学院召开的"双循环"实践教学体系构建专题研讨会上，宜宾学院分管教学的校领导结合本校实际情况对"校内校外双循环"实践教学体系提出了三个层次和四个原则，明确提出本校将以高素质应用人才为目标，坚持以产出为导向，构建"校内校外双循环"实践教学体系的要求。艺术设计学院对该会议精神进行了提炼与总结，并通过多次研讨制定出以布尔迪厄的"场域"与"习性"两大概念为理论基础，结合学院整体发展、专业实践内涵、学生个体发展需求，且具有实际操作性的"三三四四"实践教学体系。

本报告将详细阐述"三三四四"实践教学体系的主要内容、实践教学方法与手段、实践教学评价以及实践成果展示与案例分析等已构建完成或正在构建的过程与方法，为学院完善实践教学体系架构，为学生提升创新能力与实践能力提供遵循。

二、"三三四四"实践教学体系详解

法国社会学家布尔迪厄的实践理论强调社会行动者在社会世界中的积极参与和主动行为，认为社会不仅仅是一个客观结构，更是一个主观的、由行动者构建的世界。在这个世界中，每个人都拥有自己的社会实践，而这些社会实践又反过来塑造了社会结构。正因如此，实践与实践场域是相互依存、相互影响的关系，二者共同构成了社会实践的基本单位。

构成布尔迪厄实践理论的两大支柱概念是"习性"与"场域"。"场域"是指某一种社会空间，在这个空间中存在着不同的社会实践，每个实践都具有其独特的规则和逻辑。这些规则与逻辑又影响着社会行动者参与不同的社会实践过程，形成了不同的社会位置与占位，从而反作用于特定"场域"的形成。"习性"是外在结构内化的结果，是社会行动者在特定场域中积累的经验与知识，它指导着行动者的内部活动，但并非完全个人性的存在或显现，而是受到社会结构影响，能够使行动者根据各种未被预料、变动不居的情景来调整自己的行为。所以，"习性"是与"场域"相互作用而产生的，以获得特定场域中可得到的资本形式为目的的实施过程中产生了行为与思考方式。

在设计类专业实践教学体系建构过程中，可以将高校、企业、实践平台等方面进行串联，视为一个实践场域。在整个场域中，学生作为相对独立的个体和具有自身独特"习性"的客体，他们的实践活动靠自身内部的习性与场域产生的互动作用而进行。由于"场域"是某种被赋予特定引力的关系构型，此引力又能强加在所有进入场域的客体和行动者身上。因此，要让学生自身内部的习性和场域产生互动，关键在于构成能与其习性产生互动的场域，让学生的习性在"外在性"的"场域"作用下不断"内化"。

促进学生自身内部的习性与场域产生互动，其关键在于构成能与习性产生互动关系的场域，让学生的习性在"外在性"的"场域"作用下不断"内化"。作为组织和实施实践教学的主体单位应形成一个较完善并符合在不同的人才培养阶段所需的实践教学体系。这不仅需要结合各高校自身教学资源与社会资源，还要从学生个体发展需求出发，以培养创新应用型人才为目标，以提高学生综合素质与竞争力为重点，构建具有全程性、开放性、包容性的实践教学体系。所以，本实践教学体系将以"三层次"分类为基础，依托"三平台"搭建展开，通过"四模块"为实施办法，结合"四年建"为周期开展，以多元化的实践教学方法与手段为支撑，提升学生的实践能力和综合素质，完善艺术设计学院设计类专业的实践教学体系架构。

（一）"三层次"分类

根据应用型人才的专业课程设置教学目标，将实践教学分为基础实践、专业实践、综合性实践三个层次。基础实践，即认识实践环节，着重于对学生基础专业技能和基本实践能力的培养，包括课程实操、工作室基础技能训练等。专业实践则是在基础实践基础上，结合专业课程内容、校内外实践平台开展，侧重于对学生进行专项技能训练，要求通过企业实习、课程设计以及毕业设计等途径提升学生专业技能。综合性实践则是通过项目式、问题式、探究式等多元化的实践方式，侧重于对学生科研能力与创新能力的训练，通过社会实践、创新设计竞赛、项目式课题等方法培养学生的创新能力和综合素养。

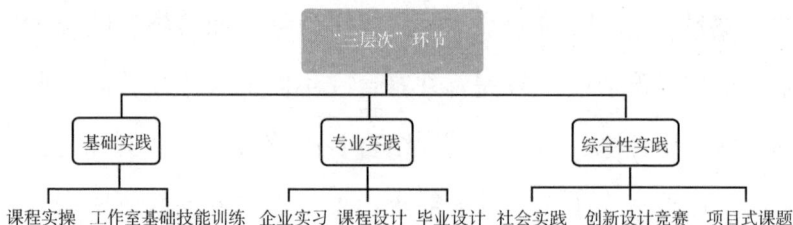

```
                        "三层次"环节
        ┌─────────────────┼─────────────────┐
     基础实践            专业实践          综合性实践
```

课程实操　工作室基础技能训练　企业实习　课程设计　毕业设计　社会实践　创新设计竞赛　项目式课题

图1 "三层次"环节架构图

（二）"三平台"搭建

结合实践教学需求搭建不同的教学平台，即校内实验实训平台、专业实习平台（主要为校内外实习基地）、创新创业平台（主要为校内创新创业实践平台以及校内外学科技能竞赛）三大平台。

校内实验实训平台主要在校内特色工作室展开。截至目前，学院校内实验实训基地拥有平面、木工、数字媒体、模具、服装、印染、雕塑等16个特色工作室，并开设相应的选修课程供学生选择学习。同时，以宜宾学院2023版人才培养方案修订为契机，使学院工作室进一步规范化管理，发挥学院工作室在实践教学、服务地方、美育、劳动教育、成果展示等方面的积极作用。学院制定了《艺术设计学院工作室及美术馆负责人甄选办法》文件，为学院教职工制定出组建与管理工作室的相关政策，现已收到20多份组建和管理特色工作室的申请，因本学院教学资源有限，数字依旧停留在16个特色工作室，新建特色工作室视学院发展实际情况有序开设开建。

专业实习平台在校内外实习基地展开。现阶段，本学院结合自身各专业特点和学院发展需求，已与13家企事业单位达成战略合作关系并签署校内外实习基地相关文件，后期将与各单位、企业联合开发课程并实现校内外协同教学机制。以此，为学生提供提升学生实践能力、加速学生融入社会的专业实践平台。

创新创业平台主要为校内创新创业实践平台和校内外学科技能竞赛展开。比如宜宾学院创新创业学院、艺术设计学院专业竞赛办公室、众创空间等，为学生收集、汇总、发布相关学科技能竞赛和创新创业项目的咨询，并组织和协调学院各教职工，以项目组为单位进行实践指导和实践教学。同时，统一收集参加相应项目或竞赛的作品，以学校为单位与相应项目或竞赛组委方进行接洽，以避免学生擅自行为而产生的无效性。创新创业平台是检验学习成果、促进学生自主学习和提升学生学习动力的专业实践平台。

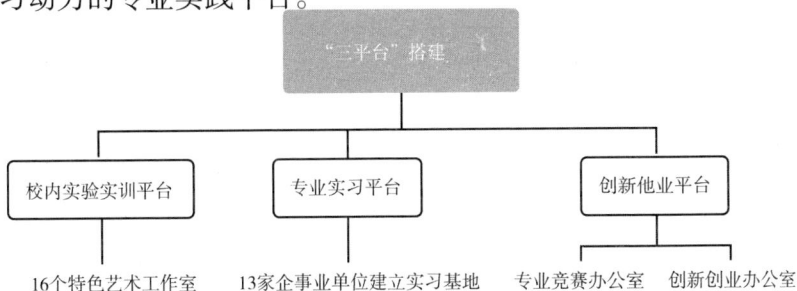

```
                    "三平台"搭建
                          |
    ┌──────────────────────┼──────────────────────┐
校内实验实训平台          专业实习平台          创新他业平台
    |                      |                ┌──────┴──────┐
16个特色艺术工作室   13家企事业单位建立实习基地  专业竞赛办公室  创新创业办公室
```

图2 "三平台"搭建架构图

（三）"四模块"实施

根据应用型人才教学类型的差异，将实践教学内容分为基本素质养成实践模块、学科专业基础实践模块、专业实验实训模块、综合应用实践模块等四大模块。

"四模块"是艺术设计学院实现"三三四四"实践教学体系的重要实施途径与办法，是连接"三层次"分类与"三平台"搭建的有效桥梁。基本素质养成实践模块以开设相应的基础实践理论知识课程、基础实践课程为方向，为"三层次"中"基础实践"提供文化理论支撑与实际操作指南，并以"校内实验实训平台"实现课程实践操作；学科专业基础实践模块和专业实验实训模块则是以开设专业核心课程和实验实训基地各特色艺术工作室的选修课程展开，为"三层次"中"专业实践"提供核心的专业实践理论与实操培训，并以"专业实习平台"实现对接与实操练习；综合应用实践模块以创新创业项目和学科技能大赛为依托，为"三层次"中"综合性实践"提供相应专业的实践项目，并组织和协调学院教职工，以项目组为单位进行实践指导和实践教学。

"四模块"的实施将实现"三三四四"实践教学体系，并有效地完善艺术设计学院产学研的培育机制，对艺术设计学院教育教学深化和学生个性学习发展提供行之有效的实践体系机制。对培养学生的社会责任感、专业实践能力、实际操作能力、独立思考和创新能力具有重要意义。

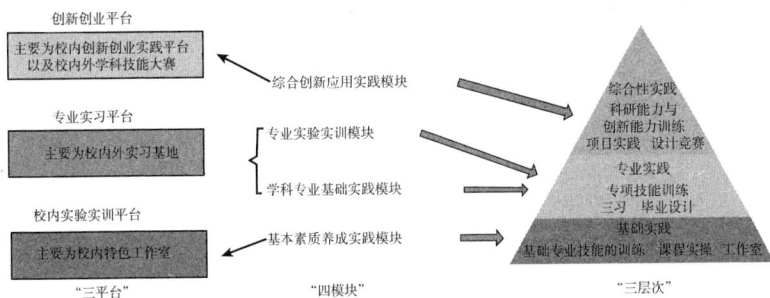

图3 设计类专业实践教学体系关系图

（四）"四年建"周期

即根据应用型人才培养目标的内在要求，持续改进修订完善人才培养方案，加大实践教学所占总学分比重。在时间上，形成四年不断线的本科实践教学培养模式，让学院实践教学体系从基础、熟练、精通到社会运用等方面形成整体完善的实践教学闭环，为学生提供成熟的、可持续发展的学习、实操及应用的生活学习"场域"。

三、实践教学体系的实施策略

（一）注重理论与实践相结合。在实践教学过程中，既要注重实践技能的培养，也要注重理论知识的传授，以提高学生的综合素质。

（二）多元化的实践教学形式。通过课内实践、独立实践和综合实践等多种形式，培养学生的实践能力、团队协作能力和创新思维能力。

（三）加强实践教学师资队伍建设。通过引进具有实践经验的专业人才、鼓励教师参加专业培训和实践锻炼等方式，提高教师的实践教学能力和专业素养。

（四）优化实践教学评价体系。建立科学的实践教学评价体系，对实践教学活动进行全面、客观、公正的考核和评价，为体系的持续改进提供依据。同时，鼓励学生参与评价过程，以提高实践教学的质量和效果。

四、实践教学方法与手段

艺术设计学院针对"三三四四"实践教学体系，采用了多元化的实践教学方法与手段，主要包括以下几个方面：

（一）案例教学

通过分析、解构实际案例，总结案例的产生背景、内在逻辑、底层架构以及操作方法。同时，转换思维方式，组织学生讨论实际案例中存在的问题以及解决方式，加深学生对实践案例的理解，让学生了解实践操作中的问题和解决方案，提高实际操作能力。比如，在"广告学理论"课程中，对近期最为火爆的"酱香拿铁"进行分析、解构与总结。运用社会热点的引入方式，提升学生学习动机，同时，组织学生分组讨论，解构课题的深层内涵。为学生营造出紧密联系现实生活环境的学习氛围，让学生理解学院各课程现实应用的具体途径和操作可能。

图4 "广告学概论"课程 PPT 截图

(二)模拟实践

通过模拟实际工作环境和情境,让学生在模拟实践中掌握专业知识和技能。此实践方式主要以特色工作室教授展开。比如木工工作室、陶艺工作室、印染工作室、雕塑工作室等一系列特色工作室开设的特色课程"扎染制作原理""木工器械的操作方法""圆雕、透雕、浮雕的分类与异同""陶艺的培养方式"等实际操作课程。此类课程均模拟实际工作环境和情景展开,关联现实工作情景,促进学生更快、更直接地融入现实工作之中,提升实践教学意义。

图5 产品设计专业学生模拟实际工作情境现场

（三）互动研讨

互动研讨是实现实践教学的基本环节，也是提升学生实践教学兴趣的基础。通过小组讨论、研讨会等形式，鼓励学生发表观点和意见，提高学生的沟通能力和团队协作能力。讨论和研讨的方式贯穿于本学院所有课程之中，它不仅是提升学生学习动机的方式，也是师生之间交流与合作的桥梁，同时，也是以"教"为中心向以"学"为中心转变的基本手段。学院强调所有任课教师在教授课程之中，需要富有针对性地组织学生对授课内容进行自主讨论与师生研讨，以此，提升学生的课堂参与度和知识掌握度，促进学生对实践教学的兴趣。

图6　艺术设计学院"创艺 More fun 众创空间"宣传册内页

（四）项目式学习

通过各教师承接实际项目或模拟项目，将项目直接带入课堂，学生通过参与实际项目的沟通、策划、设计以及执行等各个环节，让学生在实践中学习专业知识，培养学生的独立思考和创新能力。例如在 2022 年下半年的"广告设计"课程之中，教师直接将"宜宾市某县下辖某镇的镇政府外立面改造项目"带入课堂，让学生全程参与项目的沟通、策划、汇报、设计、实施以及执行等各个环节，让学生不仅将课堂理论知识实践化，还能让学生体会实际项目开展过程中出现的材料、人工、工艺、展陈等方面的现实问题，为加速学生融入实践教学体系、扩宽学生实践应用视野提供重要的教学资源保障。

图7　教师将设计项目带入课堂在工作室现场讨论

（五）校企合作

本学院已与10余家企事业单位达成战略合作关系并签署校内外实习基地相关文件，后期将与各单位、企业联合开发课程并实现校内外整体教学体制。各专业教研室也与不同的企事业单位展开合作，共同推进实践教学，让学生在企业实践中深入了解行业发展趋势和企业实际需求，提高学生的实际工作能力。以视觉传达设计教研室为例，为发现或寻找到传统茶文化在当下现实社会情景中的开拓潜力与发展途径，为地域性传统茶文化再生长寻求解决途径，视觉传达设计教研室基于学校专业人才培养、学生就业以及学科建设等方面的考量，专业负责人前往宜宾市醒世茶叶有限公司考察学习，并与企业负责人进行了深入探讨，制定了相关校企合作项目的具体方式与授课方式。

图 8 艺术设计学院与宜宾市室内设计师协会达成战略合作协议

图 9 艺术设计学院教师与宜宾醒世茶业有限公司探讨校企合作事宜

（六）课外拓展

通过课外拓展活动，如参加竞赛、自主选题等，鼓励学生自主探究和实践，培养学生的创新精神，提高综合素质。仅2022年度学院组织教师专项辅导学生参加的各项国家级、省部级、市级等专业知识技能竞赛就获得270多项奖项，对学科建设、专业人才培养以及课程建设等方面具有重要意义。

五、实践教学评价

实践教学评价体系是保证实践教学质量的重要手段，其目的是对实践教学的实施过程、教学效果和学生学习成果进行全面、客观、公正地评价，以促进实践教学的不断改进和提高。艺术设计学院已建立的实践教学评价内容，主要包括以下几个方面：

（一）平时成绩。对学生在日常实践教学活动中的表现进行评价，包括学习态度、课堂表现、作业完成情况等。

（二）阶段性评价。对学生在某一阶段的实践教学活动中的表现进行评价，包括模拟实践、范例式设计、项目汇报等。

（三）期末考试与考察。对学生在整个实践教学过程中的表现进行评价，包括知识掌握程度、技能水平、综合素质等。

（四）企业评价。通过企业导师的评价，对学生进行针对性地指导，同时也将企业标准引到评分中来，让学生了解企业的要求和标准。

（五）学生自评与互评。学生自己和其他学生进行评价，让学生更全面地了解自己的表现和其他学生的情况，并让学生从不同角度了解自己的不足和优点。

（六）教师评学。教师根据学生的表现情况对学生的学习进行评价总结并提出指导建议。根据具体的评价标准采用以上多种评价方法相结合的方式对学生的实践能力进行评价。

六、实践成果展示与案例

通过实施"三三四四"实践教学体系，学院取得了一定成果。以下是几个典型案例的展示：

（一）项目式学习

在"产品设计""标志设计""景观设计""广告设计"等相关理论与实践课程中，学院各专业采用项目式学习方式开展教学。学生在教师的指导下分组完成实际项目——"儿童玩具的设计与制作""迅狐网络科技有限公司——标志设计提案""景观实地调研与设计""项目式沟通与实施"等。在项目周期内，学生通过市场调研、设计初稿、制作模型、自我设计讲解等环节展示了自己的专业知识和技能水平。最后对学生作品进行评价，并提供展示场所把学生设计的作品展现给公众。通过这种方式让学生感受了实际项目的操作流程和标准，同时也增强了学生的团队协作能力和沟通能力。

图 10　艺术设计学院特色工作室团队/项目/成果

图 11　艺术设计学院教师团队开展教学研讨

（二）社会实践活动

相关课程中组织学生参加社会实践活动——"走进社区，体验生活"，学生通过田野调查了解社区文化背景和特点，并通过参与社区环境营造设计将社区文化与专业知识紧密结合。活动不仅提高了学生的实际操作能力，还培养了学生的社会责任感和创新能力。

图12 艺术设计学院承办"李庄古镇文创产品设计大赛"并组织学生参与

图13 艺术设计学院教师带领学生前往横江古镇开展专业考察/写生活动

图14 艺术设计学院教师带领学生前往宜宾中山街小学

红坝校区美术工作室开展专业考察并现场讲解

（三）校企合作

艺术设计学院积极与地方企业合作进行实践教学。邀请企业导师来校交流，带领学生到企业参观学习，并参与到企业的项目中来，让学生更直观地了解企业的盈利模式和行业发展趋势。同时与企业合作开展横向课题的研究和开发新产品新技术的合作研究，将企业的标准和要求引入教学中来，采用企业的工作模式和工作流程来制定教学计划和教学大纲，使教学内容更加贴近企业实际，为学生就业和创业奠定坚实基础，更好地实现了与社会的对接并极大地提高了学生的社会适应能力。通过企业项目式的教学，践行实景教学理念。

图15 艺术设计学院与宜宾李庄文化旅游传媒发展

有限责任公司"校企合作"启动仪式

图16 艺术设计学院学生在某大型设计企业实习场景

154

图 17　宜宾市室内设计师协会首席设计师来学院开展设计艺术交流场景

"校内校外双循环" 实践教学体系建设报告

杜江　陈琴　唐冬梅

摘　要：实践教学作为人才培养的必要环节，是实现创新人才培养目标的根本保证，对加快建设高水平本科教育具有重要作用。本报告主要探讨教师教育学院/教育科学学院实践教学体系内涵、具体举措、建设成效，旨在构建"校内校外双循环"的实践教学体系，优化创新学生实践能力培养途径，让学生从实践中探究知识并应用知识，进而培养学生的创新能力和实践能力，促进学生全面发展。

关键词：实践教学体系；协同机制；"双循环"

一、教师教育学院/教育科学学院"1245"实践教学体系内涵

实践教学作为人才培养的必要环节，是实现创新人才培养目标的根本保证，对加快建设高水平本科教育具有重要作用。我院基于精准调研学生发展和社会行业用人的两大需求，构建

高校、地方及行业的紧密协作机制，即协同共育、协同共建、协同共研、协同共享等四协同机制，通过信息支持、服务支持、智力支持、实训支持和应用支持等五项实践教学举措精准施策，实现"培养适应新时代社会发展需要的高素质应用人才"这一人才培养目标。具体如下图所示。

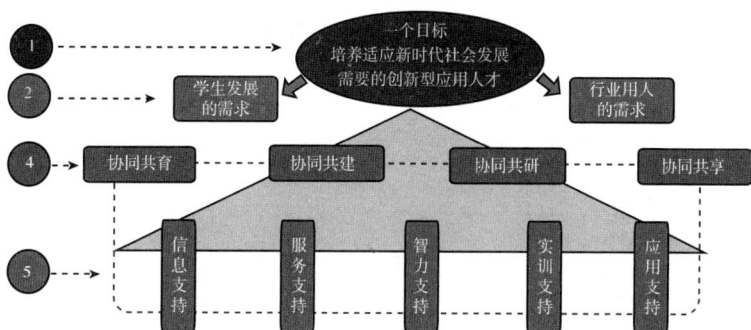

图1 "1245"实践教学体系示意图

二、教师教育学院/教育科学学院"1245"实践教学体系具体举措

（一）确定实践教学目标

实践教学目标是构建实践教学体系首先需要厘清的，本学院通过调研了解学生及用人单位需求、专业教研室反复研讨论证、广泛征求业内专家和一线教师意见、学院研讨论证过会，最终确定实践教学目标。通过多年来反复调研、论证，我院实践教学目标明确、可落实，与实践紧密结合，能培养学生的实践能力、创新能力、团队合作能力等；同时，与学校的办学思想和专业特点也是相匹配的。

（二）了解学生和用人单位需求

多渠道了解学生现状和需求、开展一线调研了解行业需求。同时，根据专业毕业要求，较为全面地设置了实践教学课程，包括实验课、实习课、实训课、毕业论文（设计）、第二课堂活动等，能够满足学生一定程度的实践学习需求。这些课程内容与学科专业的核心内容和实践技能培养需求有一定的关联性，能够为学生提供一定的实践操作和实际应用的机会。同时，这些实践课程与理论课程相互补充和融合，能够促进学生的综合能力提升。

（三）构建高校、地方及行业间的"四协同"机制

我院的"四协同"实践教学育人机制如图 2 所示。具体做法如下：

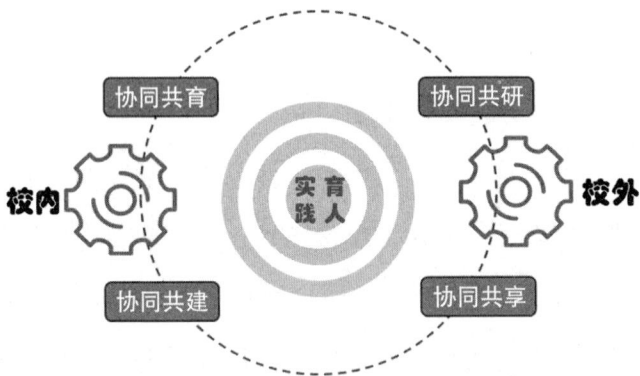

图 2 "四协同"教学育人机制示意图

1. 与宜宾市教体局签订"共建教师教育学院协议"，共建教师教育学院，培养服务宜宾基础教育的教师。

2. 与各县区教体局及其他部门签订实践合作协议，助力乡村教育振兴。

3. 广泛开展学生实践教学"四协"同的相关活动。

4. 每年举办高校与地方合作的"卓越教师论坛"。

（四）全面系统推进实践教学"五支持"行动，夯实实践教学成效

1. 信息支持

实践教学方法与手段科学合理，能够有效地促进学生的实践能力培养和综合素质提升；教学方法多样化，包括实验、实习、项目等多种形式，能够满足学生的不同需求；教学手段丰富多样，包括实践任务设计、实践环境创设、实践指导等，能够激发学生的学习兴趣和积极性。

（1）密切与行业和基础一线的沟通，为实践教学提供信息支持。

（2）加强专业实践教学研讨论证，为教师教学提供信息支持。

（3）广泛开展实践教学信息宣传，为学生自学提供信息支持。

（4）加强实践教学校内沟通交流，为实践教学升级提供信息支持。

2. 服务支持

（1）建立四导师制，为学生提供服务支持。

（2）开放高校教科研资源，为实践基地提供服务支持。

（3）开展各类培训活动，为地方和行业提供人才培养服务支持。

（4）开展顶岗支教和心理援助，为地方和行业提供专业服务支持。

3. 智力支持

（1）教师赴实践基地挂职贡献高校智慧

自 2020 年来，我院共派遣周思其、刘莉、李蓝、田露威、洪伊芙、唐冬梅等 10 余名教师到宜宾市人民路小学、中山街小学、宜宾市市级机关幼儿园、宜宾市青年街幼儿园进行一线锻炼，提升我院教师实践能力，加强与实践基地的交流，同时，也为基地贡献高校智慧。

（2）学生结合实践基地问题研究论文提供智力支持

学生毕业论文选题大多来自实践基地发现的实际问题，在实习过程中发现问题、分析问题、解决问题，能有效提升研究能力和综合素养。

（3）广泛邀请一线教师进高校课堂贡献实践智慧

在大学课堂中，广泛邀请一线教师进入高校课堂，贡献其实践智慧。

（4）高校教师和一线教师共同指导学生创新创业

学生在申报创新创业项目时，除了本部教师指导，大多还有一线教师共同指导。

4. 实训支持

本学院近年来建立了多个长期稳定的校外实践实训基地，以确保学生每年都有机会进行专业性的系统培训，在实训中进一步加深对专业理论知识的理解，成为具有扎实专业基础、较强实践能力、社会急需的应用型人才。通过校企合作、校地合作，建立有实质性合作、专业对口、互利双赢的，且相对稳定的校外实践教学基地，为学生提供充分的实践实训机会和未来就业的机会。坚持"政、产、学、研、用"紧密结合，持续探索专业发展新路径，鼓励学生深入社会，为促进当地社会经济建设作贡献。

同时，我院建设有充足的实践教学所需的实验室、实训基地、实习基地等实践教学场所，配备先进的设备和工具，能给学生提供实践操作和实际应用的条件。

（1）课程（全程）见习提升学生实践素养。

（2）丰富的实践平台为实践教学提供强有力的支持。

（3）展示性考试检验和改进学生的实践素养。

（4）各类技能大赛展示学生实践教学的成色。

5. 应用支持

实践教学成果得到广泛推广，影响范围大，能够在学校内外产生积极的影响；得到广泛应用，能够解决实际问题并产生实际效果；得到社会广泛认可，受到相关领域专家和机构的肯定和赞扬。

（1）见习实习，学以致用。

（2）创新创业，转化应用。

（3）顶岗支教，坚定信仰。

（4）社会服务，守住初心。

三、教师教育学院/教育科学学院"1245"实践教学体系建设成效

经过多年探索，我院构建了四年贯通的两大实训体系。一是"三习"实践体系，即见习、实习、研习三习贯通；二是两大实训体系，即"教育综合实践能力训练体系"和"教师基础技能训练体系"。具体如图3所示。

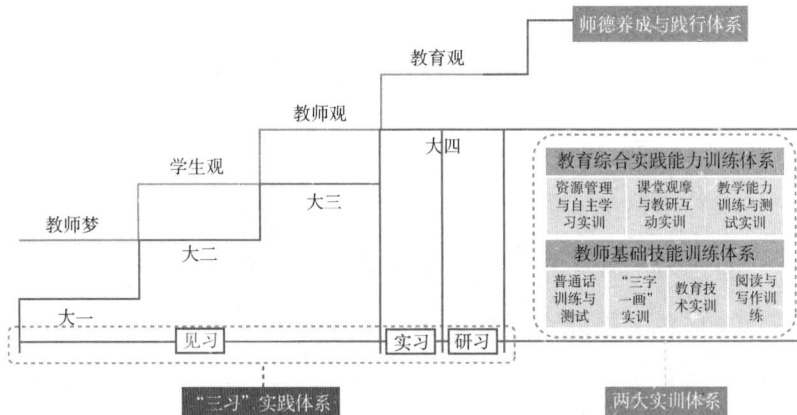

图3　四年贯通的两大实训体系示意图

通过两大实训体系的建立，我院实践教学体系建设成效明显，主要有以下三方面。

（一）实践教学见成效，学生综合素养提升明显

通过实践教学，学生的实践能力和解决问题的能力增强，能够在实践中独立完成任务并取得良好的成果；学生能够深入反思和总结实践经验，准确把握实践中的问题和挑战，并能提出切实可行的解决方案。能够将实践经验与理论知识相结合，形成独立思考和创新的能力。

1. 学生创新创业成效明显。

2. 学生学科竞赛成绩突出。

3. 学生综合能力有效提振。

（二）打造师生发展共同体，教师在实践教学中成长

实践教学教师指导体系全面，能够有效地指导学生进行实践学习。该体系包括具备丰富实践经验和专业知识的教师团队，能够提供个性化的指导和支持。教师能够积极引导学生参与实践项目，并提供及时的反馈和指导，帮助学生解决实践中的问题。

1. 教师从事实践教学的意识进一步强化

大部分青年教师意识到在授课时，在理论与实践结合时存在较大困难，通过担任学生实习、见习指导教师或者进入实践基地深入学习，教师从事实践教学的意识进一步强化。

2. 教师指导学生创新创业的能力得到提升

近年来，通过教师指导，学生创新创业能力得以较大提升。

3. 教师教育教学的技能和素养提升

通过打造师生发展共同体，教师教育教学的技能和素养

提升。

（三）实践教学促教学改革，形成了一批教改成果

本学院注重理论与实践相结合，尤其是应用基础方面的课程，加强实践环节的探索，以更好地提升教学质量。一直在努力探索构建科学合理的实践教学体系，为学生创建多样化的实践教学活动，引导学生在理论中了解实践，在实践中应用理论，强化理论教学和实践教学的深度融合和渗透，使学生能运用课堂上所学到的科学理论去认识社会、指导实践。

学院建有充足的实践教学所需的实验室、实训基地、实习基地等实践教学场所，配备先进的设备和工具，能给学生提供实践操作和实际应用的条件。

1. 创新了实践教学的方法和模式。

2. 积累了较丰富的实践教学优秀案例。

3. 形成了一批实践教学研究项目和成果。

四、结语

实践教学体系的构建与完善在新时期高等教育人才培养过程中具有举足轻重的作用和地位，是培养学生科学素养的有效途径。高校及学院需要从专业培养目标入手，基于专业实践特点，突出专业特色，面向社会需求，统筹安排各实践环节，立足校内、兼顾校外，加快高等教育创新发展，培养高质量的应用型综合人才。

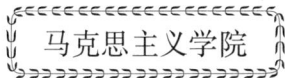

思想政治教育专业"校内校外双循环"实践教学体系建设报告

竭仁贵

摘 要：按照学生中心、产出导向、持续改进的理念构建实践教学体系，该体系具体包括组织保障、目标定位、体系建构、实施细则、特色凝练、成果展示，具有可操作可检验的特征。

关键词：OBE 理念；双循环；实践教学

为贯彻落实习近平总书记来川来宜来校视察重要指示精神，响应落实学校实践教学体系建设，着力于提升高素质应用人才培养质量，马克思主义学院积极构建思想政治教育专业"校内校外双循环"实践教学体系。现把近一年来我院"校内校外双循环"实践教学体系建设工作汇报如下：

自 2020 年以来，马院思想政治教育专业以 OBE 理念为导向，不断深入推进实践教学改革，逐步完善了实践教学体系。

一、组织保障：成立"校内校外双循环"实践教学体系工作小组

工作小组由部门领导班子成员、教研室主任、各科室负责人组成，全面负责学院实践教学体系建设工作。

二、目标定位：培养高素质应用人才，坚持产出导向

思政专业培养德智体美劳全面发展，具有坚定的理想信念、过硬的思想政治素质、较高的马克思主义理论与思想政治学科素养，树立"有理想信念、有道德情操、有扎实学识、有仁爱之心"的"四有"好老师的职业理想，扎根西部地区县乡基层教育事业，具备较强的教育教学技能、教学研究能力、自我发展能力的骨干型中学政治教师。

该专业学生就业率长期稳居全校前列，2023届毕业生就业率为97.2%，位列全校第一。

三、体系建构："1234"实践教学体系

"1"是指实践教学服务于"一个目标"：培养高素质应用人才，适应人才市场需求，全面实现"升学+就业"。

"2"是指组织形式与实践平台的"两个结合"：一是集中实践与分散实践相结合，二是校内实践与校外实践相结合。

"3"是指实践方式上的"三种模式"：观摩式实践、体验

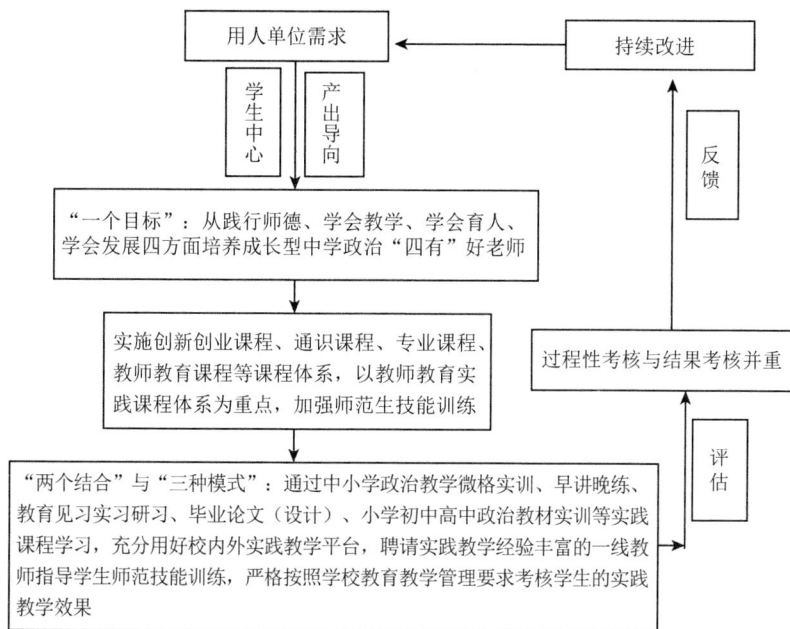

图1 思想政治教育专业"校内校外双循环"实践教学体系简图

式实践、研讨式实践。观摩式实践包括见习与课堂实训；体验式实践包括毕业实习、社团活动、社区服务等；研讨式实践包括研习、毕业论文（设计）、访企拓岗、创新创业。

根据思政专业毕业要求，全面设置课程，设计并开设了实训课、见习课、实习课、研习课、毕业论文（设计）、第二课堂活动等，与理论课程相互补充和融合，涵盖了思政专业的核心内容和实践技能培养需求，从学生身心成长规律出发，紧扣新时代要求，助力学生成长成才。

"4"是指实践模块的四种类型：基础性实践、专业性实践、应用性实践、创新性实践。基础性实践是指围绕人才培养目标进行的奠基性实践，包括演讲训练、"三字一话"、早讲晚练；专业性实践是指围绕人才培养方案展开的与专业紧密结合的业务性实践，包括微格实训、教材实训、理论宣讲、领航计划、"三习"；应用性实践是指围绕应用型人才培养目标展开的检验性实践，包括师范技能比赛、"三下乡"、公益助学、毕业论文、"1+X"证书；创新性实践是指围绕学校高素质应用人才培养目标展开的发展性实践，包括创客大赛、"互联网+""挑战杯"、创新创业。

（一）基础性实践

1. 演讲训练：安排教师运用有声语言和无声语言，以说话的学问（即语言的基础知识）、说话的艺术（即说话的基本技巧）、说话的力量（即说话具体功用）三部分为主要出发点和落脚点的一种社会实践活动，目的在于提高学生运用语言的能力。

2. "三字一话"：钢笔字、粉笔字、毛笔字、普通话

每学期通过教师技能训练中心实验室平台，要求学生自主训练，从而有效提升学生的教学技能。

3. 早讲晚练：主要围绕早上普通话练习、晚上"三笔"训练，认真组织学生进行早讲晚练，并组织学生学习部进行检查和考核，着力培养学生教学技能。

（二）专业性实践

1. 微格实训：外聘中学优秀教师指导学生为期一学年的微

格实训，为毕业实习和研习做准备。依托思政课虚拟仿真教学中心、多媒体教室等，开设中小学政治教学微格实训、小学初中高中政治教材实训系列课程，由具有丰富实践教学经验的一线教师授课，有效提高了学生的教学技能。

2. 教材实训：第二学年安排教学经验丰富的教师，以小学、初中和高中政治教材为蓝本，带领学生研读、分析教材内容，同时进行说课和试讲实操训练，让学生在了解中小学教学内容的同时，锻炼自己的授课技能，提升教育教学能力。

3. 理论宣讲：在高年级学生中选派优秀学生特别是优秀学生干部和党员对党的重要理论、重要会议精神等进入学生社团和学生党支部进行理论宣讲，通过宣讲不仅可以让党的理论"飞入寻常百姓家"，还可以促进大学生自身的发展成长，为宣讲抹上一缕青春色彩。

4. 领航计划：指导学生在学习思想领航计划主题教育活动中，系统增强学生的思想政治觉悟和师范生必备技能。

5. "三习"：教育见习、教育实习、教育研习

教育见习：第三学年，学生须在基地完成为期一周的见习。指导教师全程跟进学生的校外见习管理工作，学生做到"一践行三学会"，即践行师德、学会教学、学会育人、学会发展。见习结束后，学生认真填写"宜宾学院教育见习学生手册"，并在规定的时间内提交到学院。见习指导教师须按要求完成学生见习手册的填写和成绩评定。

　　教育实习：实习指导教师按照实习方案（计划）规定要求，做好实习前的各项准备工作；做好学生思想政治工作，关心学生的身体健康和生活状况；了解和处理实习中的业务和生活问题；认真指导学生实习，严格要求，不放任自流；组织学生做好实习总结报告、专题总结和小组鉴定，批阅实习报告，评定实习成绩并写出书面评语。

　　实习生条件严格执行党的教育方针、政策，熟悉本专业或相关专业的课程标准（教学大纲）和教材，修完教学计划规定的公共基础课、教育理论课和主要的专业课程，试讲合格（该条件是参加师范类毕业实习的必要条件）。

　　实习带队教师提前与实习单位取得联系，出发前，向学生认真讲解实习纪律和有关注意事项，做好实习前的准备工作。负责学生实习的日常管理、安全工作、思想教育等工作，主动与实习单位沟通，全程跟进学生的校外实习管理工作，解决实习过程中存在的问题。配合实习指导教师，保质保量完成实习任务。实习结束后，带队教师要及时做出总结，收集相关资料，向相关部门汇报。若实习带队教师兼任实习指导教师，同时要履行实习指导教师职责。

　　教育研习：学生在基地完成毕业实习任务后，须回校进行不少于一周的教育研习。研习指导教师为实习指导教师，研习指导教师要认真填写"宜宾学院教育研习学生手册"，并在规定的时间内提交。在教师的指导下，运用所学的教育教学理论对教育实习工作中出现的有关问题进行分析、探讨和研究，以提高反思能力和研究能力。研习主要内容包括：师德规范与教育情怀、教育教学实践经验交流、教学设计文本研讨、课堂教学观察评议、班主任工作评议、教育科研报告研讨等方面。

（三）应用性实践

1. 教学技能比赛：通过以赛促教，在实践中检验和提升学生的教学技能。

2. "三下乡"：大学生参与乡村振兴建设，为大学生了解中国国情开启了一扇窗口，密切了高等教育与乡村振兴的关系，同时提高了大学生的社会实践能力和综合素质，为国家未来的发展培养了优秀人才。

3. 育公益助学："育公益"是以"践行公益，爱心教育"为服务宗旨，学生通过自身实践、服务社会，促进学生德智体美劳全面发展，提高学生思想觉悟和团队组织的凝聚力和战斗力，增强理想与信念。

4. 毕业论文：根据学校相关文件规定，制定实施《马克思主义学院本科毕业论文（设计）实施细则》，对论文选题、论文结构、撰写要求、进度安排、答辩流程等做了详细规定，确保论文质量，较为系统地训练了学生的学术研究创新能力。

5. 顶岗支教：根据学校支教工作安排，我院每学期选派优秀学生到甘洛县和有需求的学校顶岗支教。师范生顶岗支教在有效解决农村中小学师资短缺、水平偏低等现实问题的同时，有利于培养师范学生的创新能力、实践能力、吃苦耐劳的优良品质和适应教育教学岗位的素养和能力，为将来从事教育教学工作奠定良好基础。

6. "1+X"证书："1+X"职业技能等级证书的考试工作。为了提升学生个人自我认知，明确个人目标与理想，激发内驱力，实现自我生涯规划管理，学院以学生为中心，坚持学历证书与职业技能等级证书相结合，不断提升学生就业创业的技能。

（四）创新性实践

依托创新创业俱乐部、小马研习社、科创部、教育公益等社团开展丰富多彩的第二课堂活动，通过创新创业训练、"挑战杯"、创客大赛、"互联网+"大赛等活动系统提升了学生的实践创新能力。

四、实施细则："三习"、毕业论文、学科竞赛

学院制定了"三习"、本科毕业论文和学科竞赛实施细则。

（一）"三习"实施细则

"三习"管理按照《思想政治教育专业师范生教师职业能力标准（试行）》《宜宾学院师范类专业学生毕业实习实施细则（试行）》《宜宾学院教育研习工作规程（试行）》执行。

（二）本科毕业论文实施细则

思政专业本科毕业论文管理按照《马克思主义学院本科毕

国家战略+社会需求

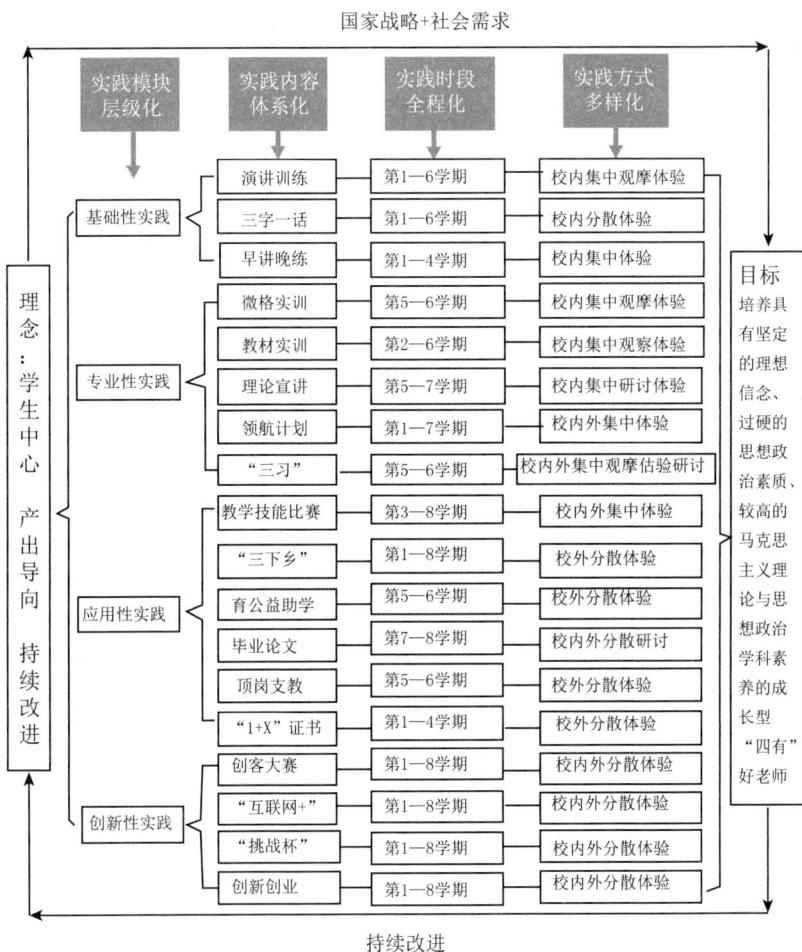

图2 思想政治教育专业"1234"实践教学体系

业论文（设计）实施细则》执行。

（三）学科竞赛实施细则

学科竞赛实施细则按照《马克思主义学院学科竞赛实施细则》执行。

五、特色凝练：实践育人的层级化、体系化、全程化、多样化

（一）实践模块层级化

实践模块涵盖基础性实践、专业性实践、应用性实践和创新性实践，形成了一个分层递进的实践教学内容系统。

（二）实践内容体系化

实践内容根据思想政治教育专业的特色形成完整体系。基础性实践中，通过演讲训练、三字一话和早讲晚练训练师范生的基础素养；专业性实践中，通过微格实训、教材实训、理论宣讲、领航计划和"三习"增强学生理论联系实际、学以致用的业务能力；应用性实践中，通过师范技能比赛、"三下乡"、顶岗支教、毕业论文等实践活动检验和进一步提升学生的综合应用能力；创新性实践中，通过创新创业、"挑战杯"和创客大赛等途径系统训练学生的实践创新能力。

（三）实践时段全程化

学生的实践模块和实践内容贯穿本科四年的教育教学中，按照学生的学习成长规律递进式开设实践教学内容。

（四）实践方式多样化

学生的实践方式包括校内集中体验、校内集中观摩体验、校内集中研讨体验、校内外集中观摩体验研讨、校外分散体验、校内分散体验、校内外分散体验等多种方式，充分利用校内外资源丰富了学生的实践教学活动。

六、成果展示

自 2020 年以来，思政专业通过完善实践教育体系，毕业论文质量有了较大提升，多次顺利通过各级论文抽检；思政专业学生积极参加大学生创新创业计划训练项目，2023 年申报并获批国家级立项 1 项、省级立项 5 项、校级立项 6 项；"挑战杯"作品《银发初心写芳华——积极老龄化背景下银龄教师支教的价值解析与困境纾解》获得省赛二等奖；"学深悟透平实心，奋楫笃行谋就业"获得"挑战杯"红色专项国家级三等级；"互联网+"创新创业比赛参赛作品 164 项，其中获得直推省赛项目 2 项；我心中的思政课微电影《索玛花开》获省级一等奖 1 项；全国师范生微课比赛获全国二等奖 1 项。学生就业率稳居全校前列，2023 届毕业生就业率为 97.2%，位列全校第一。

体育教育专业"三习一体校内校外双循环"实践教学体系建设报告

韦　颂

摘　要：体育教育专业坚持立德树人根本任务，围绕高素质应用人才培养目标，践行"三习一体校内校外双循环"实践教学体系，成效明显，学生的实践能力提升明显，在师范类专业认证专家进校考查中得到充分肯定。

关键词：体育教育专业；实践教学；三习一体；校内外；双循环

体育与大健康学院体育教育专业坚持立德树人根本任务，围绕高素质应用人才培养目标，秉持以学生创新应用能力培养为核心的实践教学理念，以学生专业实践能力为导向，以提高学生综合素质、创新意识、应用能力为主要目标，面向地方中学体育教师岗位、能力需要，构建和完善了适合体育教育专业发展和中学体育教师人才需要的"三习一体校内校外双循环"实践教学体系。持续加强专业能力培养，严格规范实践环节，努力提升实践教学效果。

一、体育教育专业"三习一体校内校外双循环"实践教学体系的现实需要及理论依据

《教育部关于加强师范生教育实践的意见》文件指出："师范生教育实践依然是教师培养的薄弱环节，存在目标不够清晰、内容不够丰富、形式相对单一、指导力量不强、管理评价和组织保障薄弱等问题，师范毕业生的教育教学能力尚不能完全适应中小学的需要。"在体育与大健康学院体育教育专业人才的培养中，这一问题也不同程度地客观存在，这是体育教育专业构建"三习一体校内校外双循环"实践教学体系的现实需要。

美国全国培训研究所的成果——学习金字塔理论是"三习一体校内校外双循环"实践教学体系的理论支撑之一。"学习金字塔"表明，使用不同的方式进行学习，或教学方式的不同，其效果也不相同：听讲座知识的留存率为5%，阅读可以记住10%，看视频可掌握20%，看演示可以掌握30%，通过小组讨论知识的留存率可以达到50%，学了就用知识留存率可以提高到75%，学了之后去教别人知识留存率可以达到90%；"学习金字塔"进一步指出，"看演示"以上为被动学习，以下为主动学习，因此被动学习和主动学习对知识留存效果有巨大影响。

布鲁姆思维认知模型是"三习一体校内校外双循环"实践教学体系的理论支撑之一，布鲁姆认为认知有六个层次：记住、理解、应用、分析、评价、创新，记住、理解、应用是初

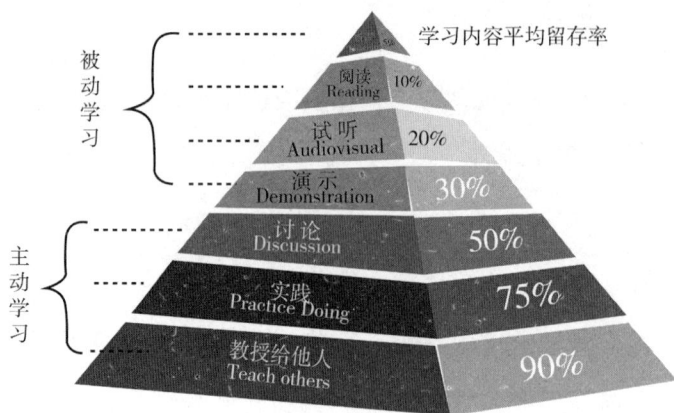

图1　美国全国培训研究所的成果——学习金字塔

级认知，分析、评价、创造是高级认知。其中，记忆和理解属于低阶思维，只停留在这两个层级，就只是停留在浅层学习，即只关注文字的字面意思，是一种复制型的学习观念，主要采取死记硬背的学习策略。应用、分析、评价、创新属于高阶思维，这几个层级就属于深度学习，即学习材料的意向型的内容，学习的目的是理解作者和文字背后所想表达的意义，强调内在动机的激发、积极主动的参与、高水平的认知和元认识的投入、新旧知识的联系等；学会深度学习，有利于促进高阶思维能力的发展。

OBE 教育理念也提出成果导向教育是教学设计和教学实施的目标，是学生通过教育过程后所取得的学习成果。当前，正在进行的师范类专业认证，其理念也是学生中心、产出导向、持续改进。根据 OBE 教育理念，体育教育专业设计、构建、实施了"三习一体校内校外双循环"实践教学体系。

布鲁姆思维认知模型

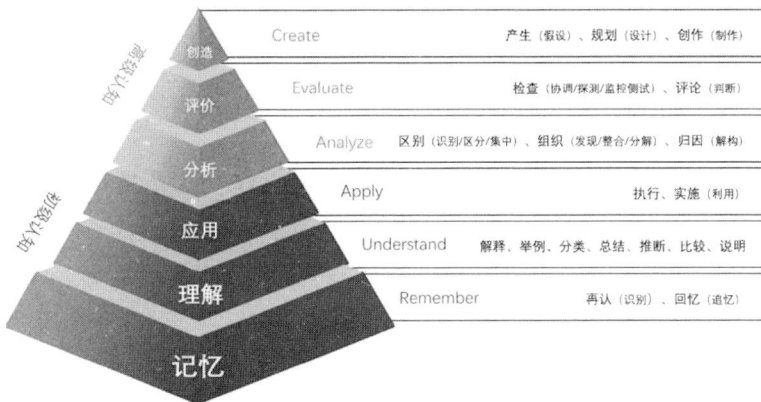

图 2 布鲁姆思维认知模型

二、突出创新应用能力培养，构建实践教学体系

在专业建设过程中，始终围绕"以体育人铸英才，守正创新育良师"的专业建设目标，坚持"师德铸魂，技能培根，实践提升"的人才培养理念，将实践教学作为培养高素质应用人才的关键环节。统筹校内、校外实践教学资源，抓好校内实践教学夯实学生实践能力基础，抓实校外实践教学提升学生专业技能应用能力，遵循综合性实践、专业实践、创新实践的逻辑层次，构建第一课堂夯实基础、第二课堂深化补充、实践体验课堂强化提升的"三课一体"专业人才培养课程体系，将教育见习、教育实习、教育研习融为一体并贯穿于专业人才培养的整个四年，构建"三习一体校内校外双循环"实践教学体系并

探索实施，着力提升学生师德素养和体育学科素养，锤炼学生专业技能，培养学生创新意识和发展能力。

（一）体育教育专业校内循环（课内、课外循环）实践教学体系

体育教育专业根据双循环相关理念，着力提升学生的师德践行、教学实践、育人实践、发展实践等能力。通过校内实践环节，培养学生发现问题、分析问题、解决问题的能力；增强学生的劳动观念，激发学生的敬业、创业精神，培育学生正确的世界观、人生观、价值观。因此，体育教育专业根据专业人才培养目标，专业学生从大二开始协助公共体育课程任课教师完成公体课程的教学、公共课学生的体质测试、体育社团和跑团的组织，以增强学生对课堂的组织和控场能力，通过早讲晚练，提升学生的专业技术能力，通过专业见习，进一步提升学生的教学水平，学会为人师表，强化职业认同，培养职业情感，树立忠诚党的教育事业的思想，为学生走向实习岗位、工作岗位打下扎实的基础。

（二）体育教育专业"校内校外双循环"实践教学体系

体育教育专业综合人才培养方案，实践教学课程目标，主要是围绕师德践行、教学实践、育人实践、发展实践制定和实施教育研习、教育见习、教育实习以及师范技能等课内外、校内外的循环培养体系。通过学生、家长、学校三位一体的评价模式，以过程管理、质量评价、过程监督掌握在校生的满意

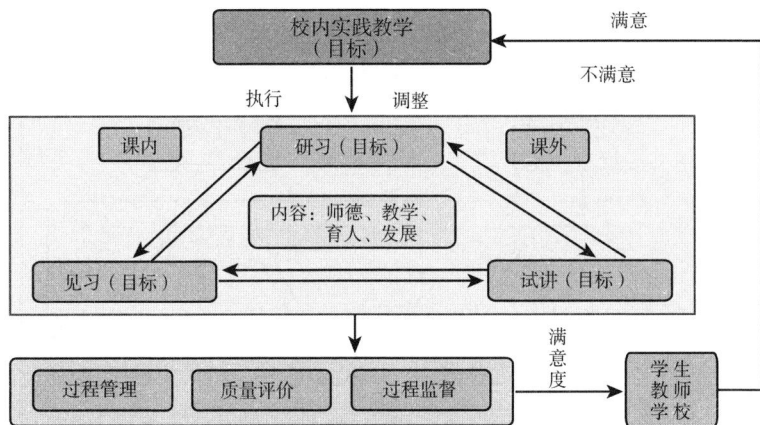

图3　体育教育专业"三习一体校内循环（课内、课外循环）"实践教学体系

度，再对实践教学目标进行相关调整，真正做到学生中心、持续改进。进而培养学生从事基础教育的独立工作能力，发展提升专业核心素养，将所学的基础理论、基础知识和基本技能，综合运用于教育和教学实践。

三、实践教学体系的实施

专业高度重视学生创新应用能力的培养，根据"学习金字塔""布鲁姆思维认知模型"等教育教学理论，坚持"学践一体"教学模式，改革教学方式方法，在教学中采用情境教学、分组讨论、探究教学、课堂展示等主动学习的方式方法，让学生在学习中进行实践，在实践中进行学习；对学习进行分析、评价、创新等，提高实践创新能力的同时培养学生终身学习意识和习惯、持续发展能力。形成了"1234"实践教学特色，即

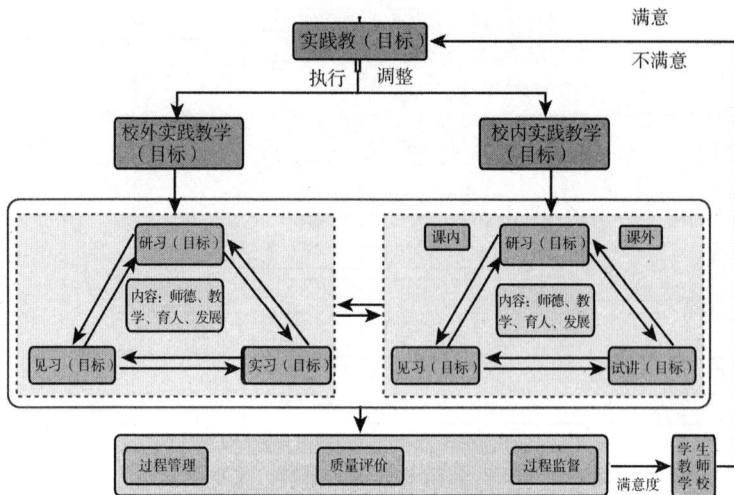

图 4　体育教育专业"三习一体校内校外双循环"实践教学体系

围绕一个高素质应用人才培养目标，坚持学习与实践两协同，将"三习"一体化贯穿于人才培养的整个四年，确保实践教学在科学、严谨、规范、高水平的状态下运行，提高实践质量，不断增强学生创新应用能力，为提高学生就业、创业竞争力提供良好保障。

四、实践成效

经过一年多的探索，"三习一体校内校外双循环"实践教学体系运行良好，学生的实践能力得到了很好的提升，2024届学生在实习中的实践能力受到实践教学基地指导教师的认可，在校生在师范类专业认证专家进校考查中也得到认可，专家对实践教学成效给予肯定。